Collection de guides de conversation
"Tout ira bien!"

T&P Books Publishing

GUIDE DE CONVERSATION
— ARMÉNIEN —

I0163226

LES PHRASES LES PLUS UTILES

Ce guide de conversation
contient les phrases et
les questions les plus
communes et nécessaires
pour communiquer avec
des étrangers

Par Andrey Taranov

T&P BOOKS

Guide de conversation + dictionnaire de 1500 mots

Guide de conversation Français-Arménien et dictionnaire concis de 1500 mots

Par Andrey Taranov

La collection de guides de conversation "Tout ira bien!", publiée par T&P Books, est conçue pour les gens qui voyagent par affaire ou par plaisir. Les guides contiennent l'essentiel pour la communication de base. Il s'agit d'une série indispensable de phrases pour "survivre" à l'étranger.

Une autre section du livre contient un petit dictionnaire de plus de 1500 mots les plus utilisés. Le dictionnaire inclut beaucoup de termes gastronomiques et peut être utile lorsque vous faites le marché ou commandez des plats au restaurant.

Copyright © 2019 T&P Books Publishing

Tous droits réservés. Sans permission écrite préalable des éditeurs, toute reproduction ou exploitation partielle ou intégrale de cet ouvrage est interdite, sous quelque forme et par quelque procédé (électronique ou mécanique) que ce soit, y compris la photocopie, l'enregistrement ou le recours à un système de stockage et de récupération des données.

T&P Books Publishing
www.tpbooks.com

ISBN: 978-1-78492-546-8

Ce livre existe également en format électronique.
Pour plus d'informations, veuillez consulter notre site: www.tpbooks.com
ou rendez-vous sur ceux des grandes librairies en ligne.

PRÉFACE

La collection de guides de conversation "Tout ira bien!", publié par T&P Books, est conçue pour les gens qui voyagent par affaire ou par plaisir. Les guides de conversations contiennent le plus important - l'essentiel pour la communication de base. Il s'agit d'une série indispensable de phrases pour survivre à l'étranger.

Ce guide de conversation vous aidera dans la plupart des cas où vous devez demander quelque chose, trouver une direction, découvrir le prix d'un souvenir, etc. Il peut aussi résoudre des situations de communication difficile lorsque la gesticulation n'aide pas.

Ce livre contient beaucoup de phrases qui ont été groupées par thèmes. Vous trouverez aussi un petit dictionnaire de plus de 1500 mots importants et utiles.

Emmenez avec vous un guide de conversation "Tout ira bien!" sur la route et vous aurez un compagnon de voyage irremplaçable qui vous aidera à vous sortir de toutes les situations et vous enseignera à ne pas avoir peur de parler aux étrangers.

TABLE DES MATIÈRES

T&P Books Publishing

PRONONCIATION

Alphabet phonétique T&P	Exemple en arménien	Exemple en français
[a]	ճանաչել [čanačél]	classe
[ə]	փափառ [pʰəspʰəsál]	record
[e]	հեկտար [hektár]	équipe
[ē]	էկրան [ēkrán]	faire
[i]	ֆիզիկոս [fizikós]	stylo
[o]	շոկոլադ [šokolád]	normal
[u]	հույնուհի [hujnuhí]	boulevard
[b]	բամբակ [bambák]	bureau
[d]	դադար [dadár]	document
[f]	ֆաբրիկա [fábrika]	formule
[g]	գանգ [gang]	gris
[j]	դյույմ [djujm]	maillot
[h]	հայուհի [hajuhí]	[h] aspiré
[x]	խախտել [xaxtél]	scots - nicht, allemand - Dach
[k]	կոճակ [kočák]	bocal
[l]	փիլվել [pʰlvel]	vélo
[m]	մտածել [mtatsél]	minéral
[t]	տաքսի [taksí]	tennis
[n]	նրանք [nrankʰ]	ananas
[r]	լար [lar]	racine, rouge
[p]	պոմպ [pomp]	panama
[ġ]	տղամարդ [tġamárd]	R vibrante
[s]	սոուս [soús]	syndicat
[ts]	ծանոթ [tsanótʰ]	gratte-ciel
[v]	ոստիկան [vostikán]	rivière
[z]	զանգ [zang]	gazeuse
[kʰ]	երեք [erékʰ]	[k] aspiré
[pʰ]	փրկել [pʰrkel]	[p] aspiré
[tʰ]	թատրոն [tʰatrón]	[t] aspiré
[tsʰ]	ակնոց [aknótsʰ]	[ts] aspiré
[ʒ]	ժամանակ [ʒamanák]	jeunesse
[dz]	ծձիկ [odzíkʰ]	pizza
[dʒ]	հաջող [hadʒóg]	adjoint

Alphabet phonétique T&P	Exemple en arménien	Exemple en français
[č]	վիճել [vičél]	match
[š]	շահույթ [šahújtʰ]	chariot
[']	բաժակ [baʒák]	accent primaire

LISTE DES ABRÉVIATIONS

Abréviations en français

adj	-	adjective
adv	-	adverbe
anim.	-	animé
conj	-	conjonction
dénombr.	-	dénombrable
etc.	-	et cetera
f	-	nom féminin
f pl	-	féminin pluriel
fam.	-	familiar
fem.	-	féminin
form.	-	formal
inanim.	-	inanimé
indénombr.	-	indénombrable
m	-	nom masculin
m pl	-	masculin pluriel
m, f	-	masculin, féminin
masc.	-	masculin
math	-	mathematics
mil.	-	militaire
pl	-	pluriel
prep	-	préposition
pron	-	pronom
qch	-	quelque chose
qn	-	quelqu'un
sing.	-	singulier
v aux	-	verbe auxiliaire
v imp	-	verbe impersonnel
vi	-	verbe intransitif
vi, vt	-	verbe intransitif, transitif
vp	-	verbe pronominal
vt	-	verbe transitif

La ponctuation en arménien

՛	-	point d'exclamation
՞	-	point d'interrogation
,	-	virgule

T&P BOOKS

GUIDE DE CONVERSATION ARMÉNIEN

Cette section contient
des phrases importantes
qui peuvent être utiles dans
des situations courantes.
Le guide vous aidera
à demander des directions,
clarifier le prix, acheter
des billets et commander
des plats au restaurant

T&P Books Publishing

CONTENU DU GUIDE DE CONVERSATION

T&P Books Publishing

Les essentiels

Excusez-moi, ...	Ներեցէք, ... [nerets'ek'', ...]
Bonjour	Բարև Ձեզ: [barév dzez]
Merci	Շնորհակալություն: [šnorhakaluťjún]
Au revoir	Ցտեսություն: [ts''tesuťjún]
Oui	Այո: [ajó]
Non	Ոչ: [voč]
Je ne sais pas.	Ես չգիտեմ: [es čgitém]
Où? (~ es-tu?) | Où? (~ vas-tu?) | Quand?	Ո՞րտեղ: | Ո՞ւր: | Ե՞րբ: [vórteġ? | ur? | erb?]

J'ai besoin de ...	Ինձ հարկավոր է ... [indz harkavór e ...]
Je veux ...	Ես ուզում եմ ... [es uzúm em ...]
Avez-vous ... ?	Դուք ունե՞ք ...: [duk'' unék'' ...?]
Est-ce qu'il y a ... ici?	Այստեղ կա՞ ...: [ajstéġ ka ...?]
Puis-je ... ?	Ես կարո՞ղ եմ ...: [es karóġ em ...?]
s'il vous plaît (pour une demande)	Խնդրում եմ [xndrum em]

Je cherche ...	Ես փնտրում եմ ... [es p''ntrum em ...]
les toilettes	զուգարան [zugarán]
un distributeur	բանկոմատ [bankomát]
une pharmacie	դեղատուն [deġatún]
l'hôpital	հիվանդանոց [hivandanóts'']
le commissariat de police	ոստիկանության բաժանմունք [vostikanuťján bažanmúnk'']
une station de métro	մետրո [metró]

un taxi	տաքսի [takʰsí]
la gare	կայարան [kajarán]

Je m'appelle …	Իմ անունը … է: [im anúnə … ē]
Comment vous appelez-vous?	Ձեր անունն ի՞նչ է? [dzer anúnn inč ē?]
Aidez-moi, s'il vous plaît.	Օգնեցեք ինձ, խնդրեմ: [ognetsʰékʰ indz, χndrem]
J'ai un problème.	Ես խնդիր ունեմ: [es χndír uném]
Je ne me sens pas bien.	Ես ինձ վատ եմ զգում: [es indz vat em zgum]
Appelez une ambulance!	Շտապ օգնություն'ն կանչեք: [štap ognutʰjún kančékʰ]
Puis-je faire un appel?	Կարո՞ղ եմ զանգահարել: [karóġ em zangaharél?]

Excusez-moi.	Ներեցեք [neretsʰékʰ]
Je vous en prie.	Խնդրեմ [χndrem]

je, moi	ես [es]
tu, toi	դու [du]
il	նա [na]
elle	նա [na]
ils	նրանք [nrankʰ]
elles	նրանք [nrankʰ]
nous	մենք [menkʰ]
vous	դուք [dukʰ]
Vous	Դուք [nrankʰ]

ENTRÉE	ՄՈՒՏՔ [mutkʰ]
SORTIE	ԵԼՔ [elkʰ]
HORS SERVICE	EN PANNE	ՉԻ ԱՇԽԱՏՈՒՄ [či ašχatúm]
FERMÉ	ՓԱԿ Է [pʰak ē]

OUVERT	ԲԱՑ Է
	[baṭsʰ ē]
POUR LES FEMMES	ԿԱՆԱՆՑ ՀԱՄԱՐ
	[kanánṭsʰ hamár]
POUR LES HOMMES	ՏՂԱՄԱՐԴԿԱՆՑ ՀԱՄԱՐ
	[tġamardkánṭsʰ hamár]

Questions

Où? (lieu)	Որտե՞ղ: [vortég?]
Où? (direction)	Ո՞ւր: [ur?]
D'où?	Որտեղի՞ց: [vortegítsʰ?]
Pourquoi?	Ինչու՞: [inčú?]
Pour quelle raison?	Ինչի՞ համար: [inčí hamar?]
Quand?	Ե՞րբ: [erb?]

Combien de temps?	Ինչքա՞ն ժամանակ: [inčkʰán ʒamanák?]
À quelle heure?	Ժամը քանիսի՞ն: [ʒámə kʰanisín?]
C'est combien?	Ի՞նչ արժե: [inč arʒé?]
Avez-vous … ?	Դուք ունե՞ք …: [dukʰ unékʰ …?]
Où est …, s'il vous plaît?	Որտե՞ղ է գտնվում …: [vortég ē gtnvum …?]

Quelle heure est-il?	Ժամը քանի՞սն է: [ʒámə kʰanísn ē?]
Puis-je faire un appel?	Կարո՞ղ եմ զանգահարել: [karóg em zangaharél?]
Qui est là?	Ո՞վ է: [ov ē?]
Puis-je fumer ici?	Կարո՞ղ եմ այստեղ ծխել: [karóg em ajstég tsχel?]
Puis-je …?	Ես կարո՞ղ եմ …: [es karóg em …?]

Besoins

Je voudrais ...	Ես կուզենայի ... [es kuzenají ...]
Je ne veux pas ...	Ես չեմ ուզում ... [es čem uzúm ...]
J'ai soif.	Ես ծարավ եմ: [es tsaráv em]
Je veux dormir.	Ես ուզում եմ քնել: [es uzúm em kʰnel]

Je veux ...	Ես ուզում եմ ... [es uzúm em ...]
me laver	լվացվել [lvatsʰvél]
brosser mes dents	ատամներս մաքրել [atamnérs makʰrél]
me reposer un instant	մի քիչ հանգստանալ [mi kʰič hangstanál]
changer de vêtements	շորերս փոխել [šorérs pʰoχél]

retourner à l'hôtel	վերադառնալ հյուրանոց [veradarnál hjuranótsʰ]
acheter ...	գնել ... [gnel ...]
aller à ...	գնալ ... [gnal ...]
visiter ...	այցելել ... [ajtsʰelél ...]
rencontrer ...	հանդիպել ... հետ [handipél ... het]
faire un appel	զանգահարել [zangaharél]

Je suis fatigué /fatiguée/	Ես հոգնել եմ: [es hognél em]
Nous sommes fatigués /fatiguées/	Մենք հոգնել ենք: [menk hognél enkʰ]
J'ai froid.	Ես մրսում եմ: [es mrsum em]
J'ai chaud.	Ես շոգում եմ: [es šogúm em]
Je suis bien.	Ես լավ եմ: [es lav em]

Il me faut faire un appel.	Ես պետք է զանգահարեմ։ [es petkʰ ē zangaharém]
J'ai besoin d'aller aux toilettes.	Ես զուգարան եմ ուզում։ [es zugarán em uzúm]
Il faut que j'aille.	Գնալու ժամանակն է։ [gnalús ʒamanákn ē]
Je dois partir maintenant.	Ես պետք է գնամ։ [es petkʰ ē gnam]

Comment demander la direction

Excusez-moi, ...	Ներեցեք, ... [nerets'ék', ...]
Où est ..., s'il vous plaît?	Որտե՞ղ է գտնվում ... [vortég é gtnvum ...?]
Dans quelle direction est ... ?	Ո՞ր ուղղությամբ է գտնվում ... [vor uģģut'jámb é gtnvum ...?]
Pouvez-vous m'aider, s'il vous plaît ?	Օգնեցեք ինձ, խնդրեմ: [ognets'ék' indz, xndrem]

Je cherche ...	Ես փնտրում եմ ... [es p'ntrum em ...]
La sortie, s'il vous plaît?	Ես փնտրում եմ ելքը: [es p'ntrum em élk'ə]
Je vais à ...	Ես գնում եմ ... [es gnum em ...]
C'est la bonne direction pour ...?	Ես ճի՞շտ եմ գնում ...: [es čišt em gnum ...?]

C'est loin?	Դա հեռու՞ է: [da hérú é?]
Est-ce que je peux y aller à pied?	Ես կհասնե՞մ այնտեղ ոտքով: [es khasném ajntég votk'óv?]
Pouvez-vous me le montrer sur la carte?	Ցույց տվեք ինձ քարտեզի վրա, խնդրում եմ: [ts'ujts' tvek' indz kartezí vra, xndrum em]
Montrez-moi où sommes-nous, s'il vous plaît.	Ցույց տվեք՝ որտեղ ենք մենք հիմա: [ts'ujts' tvek', vortég enk' menk' himá]

Ici	Այստեղ [ajstég]
Là-bas	Այնտեղ [ajntég]
Par ici	Այստեղ [ajstég]

Tournez à droite.	Թեքվեք աջ: [t'ekvék' ač]
Tournez à gauche.	Թեքվեք ձախ: [t'ekvék' dzáx]
Prenez la première (deuxième, troisième) rue.	առաջին (երկրորդ, երրորդ) շրջադարձ [aračín (erkrórd, errórd) šrdžadárts]
à droite	դեպի աջ [depí ač]

à gauche

 դեպի ձախ
[depi dzaχ]

Continuez tout droit.

Գնացեք ուղիղ:
[gnatsʰekʰ ugíg]

Affiches, Pancartes

BIENVENUE!	ԲԱՐԻ ԳԱԼՈՒՍՏ: [barí galúst!]
ENTRÉE	ՄՈՒՏՔ [mutkʰ]
SORTIE	ԵԼՔ [elkʰ]

POUSSEZ	ԴԵՊԻ ՆԵՐՍ [depí ners]
TIREZ	ԴԵՊԻ ԴՈՒՐՍ [depí durs]
OUVERT	ԲԱՑ Է [batsʰ ē]
FERMÉ	ՓԱԿ Է [pʰak ē]

POUR LES FEMMES	ԿԱՆԱՆՑ ՀԱՄԱՐ [kanántsʰ hamár]
POUR LES HOMMES	ՏՂԱՄԱՐԴԿԱՆՑ ՀԱՄԱՐ [tġamardkántsʰ hamár]
MESSIEURS	ՏՂԱՄԱՐԴԿԱՆՑ ԶՈՒԳԱՐԱՆ [tġamardkántsʰ zugarán]
FEMMES	ԿԱՆԱՆՑ ԶՈՒԳԱՐԱՆ [kanántsʰ zugarán]

RABAIS | SOLDES	ԶԵՂՋ [zeġč]
PROMOTION	ԻՐՊԱՌ ՎԱՃԱՌՔ [ispár vačárkʰ]
GRATUIT	ԱՆՎՃԱՐ [anvčár]
NOUVEAU!	ՆՈՐՈՒԹՅՈ [norújtʰ]
ATTENTION!	ՈՒՇԱԴՐՈՒԹՅՈՒՆ [ušadrutʰjún]

COMPLET	ԱԶԱՏ ՀԱՄԱՐՆԵՐ ՉԿԱՆ [azát hamarnér čkan]
RÉSERVÉ	ՊԱՏՎԻՐՎԱԾ Է [patvirváts ē]
ADMINISTRATION	ԱԴՄԻՆԻՍՏՐԱՑԻԱ [administratsʰiá]
PERSONNEL SEULEMENT	ՄԻԱՅՆ ԱՆՁՆԱԿԱԶՄԻ ՀԱՄԱՐ [miájn andznakazmí hamár]

ATTENTION AU CHIEN!	ԿԱՏԱՂԱԾ ՇՈՒՆ [kataġáts šun]
NE PAS FUMER!	ՉԾԽԵ՛Լ [čtsχel]
NE PAS TOUCHER!	ՁԵՌՔԵՐՈՎ ՉԴԻՊՉԵԼ [dzerkʰeróv čdipčél]
DANGEREUX	ՎՏԱՆԳԱՎՈՐ Է [vtangavór ē]
DANGER	ՎՏԱՆԳ [vtang]
HAUTE TENSION	ԲԱՐՁՐ ԼԱՐՈՒՄ [bartsr larúm]
BAIGNADE INTERDITE!	ԼՈՂԱԼՆ ԱՐԳԵԼՎՈՒՄ Է [loġáln argelvúm ē]
HORS SERVICE | EN PANNE	ՉԻ ԱՇԽԱՏՈՒՄ [či ašχatúm]
INFLAMMABLE	ԴՅՈՒՐԱՎԱՌ Է [djuravár ē]
INTERDIT	ԱՐԳԵԼՎԱԾ Է [argelváts ē]
ENTRÉE INTERDITE!	ՄՈՒՏՔՆ ԱՐԳԵԼՎԱԾ Է [mutkʰn argelváts ē]
PEINTURE FRAÎCHE	ՆԵՐԿՎԱԾ Է [nerkváts ē]
FERMÉ POUR TRAVAUX	ՓԱԿՎԱԾ Է ՎԵՐԱՆՈՐՈԳՄԱՆ [pʰakváts ē veranorogmán]
TRAVAUX EN COURS	ՎԵՐԱՆՈՐՈԳՄԱՆ ԱՇԽԱՏԱՆՔՆԵՐ [veranorogmán ašχatankʰnér]
DÉVIATION	ՇՐՋԱՆՑՈՒՄ [šrdʒantsʰúm]

Transport - Phrases générales

avion	ինքնաթիռ [inkʰnatʰír]
train	գնացք [gnatsʰkʰ]
bus, autobus	ավտոբուս [avtobús]
ferry	լաստանավ [lastanáv]
taxi	տաքսի [takʰsí]
voiture	ավտոմեքենա [avtomekʰená]

horaire	չվացուցակ [čvatsʰutsʰák]
Où puis-je voir l'horaire?	Որտե՞ղ կարելի է նայել չվացուցակը: [vortég karelí é najél čvatsʰutsʰákə?]
jours ouvrables	աշխատանքային օրեր [ašχatankʰajín orér]
jours non ouvrables	հանգստյան օրեր [hangstsján orér]
jours fériés	տոնական օրեր [tonakán orér]

DÉPART	ՄԵԿՆՈՒՄ [meknúm]
ARRIVÉE	ԺԱՄԱՆՈՒՄ [ʒamanúm]
RETARDÉE	ՈՒՇԱՑՈՒՄ [ušatsʰúm]
ANNULÉE	ՉԵՂՅԱԼ [čeǧjál]

prochain	հաջորդ [hadʒórd]
premier	առաջին [aračín]
dernier	վերջին [verčín]

À quelle heure est le prochain ...?	Ե՞րբ է լինելու հաջորդ ...: [erb é linelú hadʒórd ...?]
À quelle heure est le premier ...?	Ե՞րբ է մեկնում առաջին ...: [erb é meknúm aračín ...?]

À quelle heure est le dernier ...?

Ե՞րբ է մեկնում վերջին ...:
[erb ē meknúm verčin ...?]

correspondance

նստափոխ
[nstapʰóχ]

prendre la correspondance

նստափոխ կատարել
[nstapʰóχ katarél]

Dois-je prendre la correspondance?

Ես պետք է նստափո՞խ կատարեմ:
[es petkʰ ē nstapʰóχ katarém?]

Acheter un billet

Où puis-je acheter des billets?	Որտե՞ղ կարող եմ տոմսեր գնել: [vortéǵ karóǵ em tomsér gnel?]
billet	տոմս [toms]
acheter un billet	տոմս գնել [toms gnel]
le prix d'un billet	տոմսի արժեքը [tomsí arʒékʰə]

Pour aller où?	Ո՞ւր: [ur?]
Quelle destination?	Մինչև ո՞ր կայարան: [minčév vor kajarán?]
Je voudrais …	Իձ հարկավոր է … [indz harkavór é …]
un billet	մեկ տոմս [mek toms]
deux billets	երկու տոմս [erkú toms]
trois billets	երեք տոմս [erékʰ toms]

aller simple	մեկ ուղղությամբ [mek uǵǵutʰjámb]
aller-retour	վերադարձով [veradartsóv]
première classe	առաջին դաս [aračín das]
classe économique	երկրորդ դաս [erkrórd das]

aujourd'hui	այսոր [ajsór]
demain	վաղը [vágə]
après-demain	վաղը չէ մյուս օրը [vágə čé mjus órə]
dans la matinée	առավոտյան [aravotján]
l'après-midi	ցերեկը [tsʰerékə]
dans la soirée	երեկոյան [erekoján]

siège côté couloir

տեղ միջանցքի մոտ
[teg midʒantsʰkʰí mot]

siège côté fenêtre

տեղ պատուհանի մոտ
[teg patuhaní mot]

C'est combien?

Ինչքա՞ն:
[inčkʰán?]

Puis-je payer avec la carte?

Կարո՞ղ եմ վճարել քարտով:
[karóg em včarél kʰartóv?]

L'autobus

bus, autobus	ավտոբուս [avtobús]
autocar	միջքաղաքային ավտոբուս [miʤkaǧakʰajin avtobús]
arrêt d'autobus	ավտոբուսի կանգառ [avtobúsi kangár]
Où est l'arrêt d'autobus le plus proche?	Որտե՞ղ է մոտակա ավտոբուսի կանգառը։ vortég ē motaká avtobusí kangárə?]

numéro	համար [hamár]
Quel bus dois-je prendre pour aller à ...?	Ո՞ր ավտոբուսն է գնում մինչև ...: [vor avtobúsn ē gnum minčév ...?]
Est-ce que ce bus va à ...?	Այս ավտոբուսը գնո՞ւմ է մինչև ...: [ajs avtobúsə gnum ē minčév ...?]
L'autobus passe tous les combien?	Որքա՞ն հաճախ են երթեկում ավտոբուսները։ vorkʰán hačáχ en ertevekum avtobusnérə?]

chaque quart d'heure	յուրաքանչյուր տասնհինգ րոպեն մեկ [jurakʰančjur tasnhíng ropén mek]
chaque demi-heure	յուրաքանչյուր կես ժամը մեկ [jurakʰančjur kes ʒámə mek]
chaque heure	յուրաքանչյուր ժամը մեկ [jurakʰančjur ʒámə mek]
plusieurs fois par jour	օրեկան մի քանի անգամ [orekán mi kʰáni angám]
... fois par jour	օրեկան ... անգամ [orekán ... angám]

horaire	չվացուցակ [čvatsʰutsʰák]
Où puis-je voir l'horaire?	Որտե՞ղ կարելի է նայել չվացուցակը։ [vortég kareli ē najél čvatsʰutsʰáke?]
À quelle heure passe le prochain bus?	Ե՞րբ է լինելու հաջորդ ավտոբուսը։ [erb ē linelú hadʒórd avtobúsə?]
À quelle heure passe le premier bus?	Ե՞րբ է մեկնում առաջին ավտոբուսը։ [erb ē meknúm aračín avtobúsə?]
À quelle heure passe le dernier bus?	Ե՞րբ է մեկնում վերջին ավտոբուսը։ [erb ē meknúm verčín avtobúsə?]

arrêt	կանգառ [kangár]
prochain arrêt	հաջորդ կանգառ [hadźòrd kangár]
terminus	վերջին կանգառ [verčin kangár]
Pouvez-vous arrêter ici, s'il vous plaît.	Կանգնեք այստեղ, խնդրում եմ: [kangnékʰ ajstéġ, χndrum em]
Excusez-moi, c'est mon arrêt.	Թույլ տվեք, սա իմ կանգառն է: [tʰujl tvekʰ, sa im kangárn ē]

Train

train	գնացք [gnatsʰkʰ]
train de banlieue	մերձքաղաքային գնացք [merdzkaġakajín gnatsʰkʰ]
train de grande ligne	հեռահաղ գնացք [heragnátsʰ gnatsʰkʰ]
la gare	կայարան [kajarán]
Excusez-moi, où est la sortie vers les quais?	Ներեցեք, որտե՞ղ է ելքը դեպի գնացքները: neretsʰékʰ, vortég ē élkə depí gnatsʰkʰnérə?]

Est-ce que ce train va à ...?	Այս գնացքը գն՞ւմ է մինչև ...: [ajs gnátsʰkʰə gnum ē minčév ...?]
le prochain train	հաջորդ գնացքը [hadʒórd gnátsʰkʰə]
À quelle heure est le prochain train?	Ե՞րբ է լինելու հաջորդ գնացքը: [erb ē linelú hadʒórd gnátsʰkʰə?]
Où puis-je voir l'horaire?	Որտե՞ղ կարելի է նայել չվացուցակը: [vortég karelí ē najél čvatsʰutsʰákə?]
De quel quai?	Ո՞ր հարթակից: [vor hartʰakítsʰ?]
À quelle heure arrive le train à ...?	Ե՞րբ է գնացքը ժամանում ...: [erb ē gnátsʰkʰə ʒamanúm ...?]

Pouvez-vous m'aider, s'il vous plaît?	Օգնեցեք ինձ, խնդրեմ: [ognetsʰékʰ indz, χndrem]
Je cherche ma place.	Ես փնտրում եմ իմ տեղը: [es pʰntrum em im tégə]
Nous cherchons nos places.	Մենք փնտրում ենք մեր տեղերը: [menkʰ pʰntrúm enkʰ mer teġérə]

Ma place est occupée.	Իմ տեղը զբաղված է: [im tégə zbaġváts ē]
Nos places sont occupées.	Մեր տեղերը զբաղված են: [mer teġérə zbaġváts en]
Excusez-moi, mais c'est ma place.	Ներեցեք, խնդրում եմ, բայց սա իմ տեղն է: neretsʰékʰ, χndrum ēm, bajtsʰ sa im teġn ē]

Est-ce que cette place est libre?

Այս տեղն ազա՞տ է:
[ajs teġn azát ē?]

Puis-je m'asseoir ici?

Կարո՞ղ եմ այստեղ նստել:
[karóġ em ajstéġ nstel?]

Sur le train - Dialogue (Pas de billet)

Votre billet, s'il vous plaît.	Ձեր տոմսը, խնդրեմ: [dzer tómsə, xndrem]
Je n'ai pas de billet.	Ես տոմս չունեմ: [es toms čuném]
J'ai perdu mon billet.	Ես կորցրել եմ իմ տոմսը: [es korts^hrél em im tómsə]
J'ai oublié mon billet à la maison.	Ես մոռացել եմ իմ տոմսը տանը: [es morats^hél em im tómsə tánə]

Vous pouvez m'acheter un billet.	Դուք կարող եք գնել տոմս ինձանից: [duk^h karóg ek^h gnel toms indzaníts^h]
Vous devrez aussi payer une amende.	Նաև դուք պետք է վճարեք տուգանք: [naév duk^h petk ē včarék^h tugánk^h]
D'accord.	Լավ: [lav]
Où allez-vous?	Ո՞ւր եք մեկնում: [ur ek^h meknúm?]
Je vais à ...	Ես գնում եմ մինչև ... [es gnum em minčév ...]

Combien? Je ne comprend pas.	Ի՞նչա՞ է: Ես չեմ հասկանում: [inčk^hán? es čem haskanúm]
Pouvez-vous l'écrire, s'il vous plaît.	Գրեք, խնդրում եմ: [grek^h, xndrum em]
D'accord. Puis-je payer avec la carte?	Լավ: Կարո՞ղ եմ վճարել քարտով: [lav karóg em včarél k^hartóv?]
Oui, bien sûr.	Այո, կարող եք: [ajó, karóg ek^h]

Voici votre reçu.	Ահա ձեր անդորրագիրը: [ahá dzer andorragírə]
Désolé pour l'amende.	Ցավում եմ տուգանքի համար: [ts^havúm em tugánk^hi hamár]
Ça va. C'est de ma faute.	Ոչինչ: Դա իմ մեղքն է: [vočínč. da im megk^hn ē]
Bon voyage.	Հաճելի ճանապարհորդություն: [hačelí čanaparhordut^hjún]

Taxi

taxi	տաքսի [tak^hsí]
chauffeur de taxi	տաքսու վարորդ [tak^hsú varórd]
prendre un taxi	տաքսի բռնել [tak^hsí brnel]
arrêt de taxi	տաքսու կանգառ [tak^hsú kangár]
Où puis-je trouver un taxi?	Որտե՞ղ կարող եմ տաքսի վերցնել: [vortég karóg em tak^hsí verts^hnél?]
appeler un taxi	տաքսի կանչել [tak^hsí kančél]
Il me faut un taxi.	Ինձ տաքսի է հարկավոր: [indz tak^hsí ē harkavór]
maintenant	հենց հիմա: [hents^h híma]
Quelle est votre adresse?	Ձեր հասցե՞ն: [dzer hasts^hén?]
Mon adresse est ...	Իմ հասցեն ... [im hasts^hén ...]
Votre destination?	Ո՞ւր եք գնալու: [ur ek^h gnalú?]
Excusez-moi, ...	Ներեցեք, ... [nerets^hék^h, ...]
Vous êtes libre ?	Ազա՞տ եք: [azát ek^h?]
Combien ça coûte pour aller à ...?	Ի՞նչ արժե հասնել մինչև ...: [inč arʒé hasnél minčév ...?]
Vous savez où ça se trouve?	Դուք գիտե՞ք որտեղ է դա: [duk^h gítek^h vortég ē da?]
À l'aéroport, s'il vous plaît.	Օդանավակայան, խնդրում եմ: [odanavakaján, χndrum em]
Arrêtez ici, s'il vous plaît.	Կանգնեցրեք այստեղ, խնդրում եմ: [kangnets^hrék^h ajstég, gndrum em]
Ce n'est pas ici.	Դա այստեղ չէ: [da ajstég čē]
C'est la mauvaise adresse.	Դա սխալ հասցե է: [da sχal hasts^hé ē]
tournez à gauche	դեպի ձախ [depi dzaχ]
tournez à droite	դեպի աջ [depi ač]

Combien je vous dois?	Որքա՞ն պետք է վճարեմ: [vork{h}án petk{h} ē včarém?]
J'aimerais avoir un reçu, s'il vous plaît.	Տվեք ինձ չեքը, խնդրում եմ: [tvek{h} indz ček{h}ə, χndrum em]
Gardez la monnaie.	Մանրը պետք չէ: [mánrə petk{h} čē]

Attendez-moi, s'il vous plaît ...	Սպասեք ինձ, խնդրում եմ: [spasék{h} indz, χndrum em]
cinq minutes	հինգ րոպե [hing ropé]
dix minutes	տաս րոպե [tas ropé]
quinze minutes	տասնհինգ րոպե [tasnhíng ropé]
vingt minutes	քսան րոպե [k{h}san ropé]
une demi-heure	կես ժամ [kes ʒam]

Hôtel

Bonjour.	Բարև Ձեզ: [barév dzez]
Je m'appelle ...	Իմ անունը ... է: [im anúnə ... ē]
J'ai réservé une chambre.	Ես համար եմ ամրագրել: [es hamár em amragrél]

Je voudrais ...	Ինձ հարկավոր է ... [indz harkavór ē ...]
une chambre simple	մեկտեղանոց համար [mékteğanótsʰ hamár]
une chambre double	երկտեղանոց համար [érkteğanótsʰ hamár]
C'est combien?	Որքա՞ն այն արժե? [vorkʰán ajn arʒé?]
C'est un peu cher.	Դա մի քիչ թանկ է: [da mi kʰič tʰank ē]

Avez-vous autre chose?	Ունե՞ք որևէ այլ տարբերակ: [unékʰ vórevē ajl tarberák?]
Je vais la prendre.	Ես դա կվերցնեմ: [es da kvertsʰném]
Je vais payer comptant.	Ես կանխիկ կվճարեմ: [es kanχík kvčarém]

J'ai un problème.	Ես խնդիր ունեմ: [es χndir uném]
Mon ... est cassé.	Իմ ... փչացել է: [im ... pʰčatsʰél ē]
Mon ... ne fonctionne pas.	Իմ ... չի աշխատում: [im ... či ašχatúm]
télé	հեռուստացույցը [herustatsʰújtsʰə]
air conditionné	օդորակիչը [odorakíčə]
robinet	ծորակը [tsorákə]

douche	ցնցուղը [tsʰntsʰúğə]
évier	լվացարանը [lvatsʰaránə]
coffre-fort	չհրկիզվող պահարանը [čhrkizvóğ paharánə]

serrure de porte	կողպեքը [kogpék^hə]
prise électrique	վարդակը [vardákə]
sèche-cheveux	ֆենը [fénə]

Je n'ai pas ...	Ես ... չունեմ: [es ... čuném]
d'eau	ջուր [dʒur]
de lumière	լույս [lujs]
d'électricité	հոսանք [hosank^h]

Pouvez-vous me donner ...?	Կարո՞ղ եք ինձ տալ ...: [karóġ ék^h indz tal ...?]
une serviette	սրբիչ [srbič]
une couverture	ծածկոց [tsatskóts^h]
des pantoufles	հողաթափեր [hoġat^hap^hér]
une robe de chambre	խալաթ [xalát^h]
du shampoing	շամպուն [šampún]
du savon	օճառ [očár]

Je voudrais changer ma chambre.	Ես կցանկանայի փոխել համարս: [es kts^hankanáji p^hoxél hamárs]
Je ne trouve pas ma clé.	Ես չեմ կարողանում գտնել իմ բանալին: [es čem karoġanúm gtnel im banalín]
Pourriez-vous ouvrir ma chambre, s'il vous plaît?	Խնդրում եմ, բացեք իմ համարը: [xndrum em bats^hék^h im hamárə]
Qui est là?	Ո՞վ է: [ov é?]
Entrez!	Մտե՛ք: [mtek^h!]
Une minute!	Մեկ րոպե՛: [mek ropé!]
Pas maintenant, s'il vous plaît.	Խնդրում եմ, հիմա չէ: [xndrum em, hima čé]

Pouvez-vous venir à ma chambre, s'il vous plaît.	Խնդրում եմ, ինձ մոտ մտեք: [xndrum em, indz mot mtek^h]
J'aimerais avoir le service d'étage.	Ես ուզում եմ ունենալ համար պատվիրել: es uzúm em utelík^h hamár patvirél]

Mon numéro de chambre est le …	Իմ սենյակի համարը … է: [im senjakí hamárə … ē]
Je pars …	Ես մեկնում եմ … [es meknúm em …]
Nous partons …	Մենք մեկնում ենք … [menkʰ meknúm enkʰ …]
maintenant	հիմա [híma]
cet après-midi	այսոր ճաշից հետո [ajsór čašítsʰ hetó]
ce soir	այսոր երեկոյան [ajsór erekoján]
demain	վաղը [váɡə]
demain matin	վաղն առավոտյան [vaɡn aravotján]
demain après-midi	վաղը երեկոյան [váɡə erekoján]
après-demain	վաղը չէ մյուս օրը [váɡə čē mjus órə]

Je voudrais régler mon compte.	Ես կուզենայի հաշիվը փակել: [es kuzenáji hašívə pʰakél]
Tout était merveilleux.	Ամեն ինչ հոյակապ էր: [amén inč hojakáp ē]
Où puis-je trouver un taxi?	Որտե՞ղ կարող եմ տաքսի վերցնել: [vortéɡ károɡ em takʰsí vertsʰnél?]
Pourriez-vous m'appeler un taxi, s'il vous plaît?	Ինձ համար տաքսի կանչեք, խնդրում եմ: indz hamár takʰsí kančékʰ, χndrum em]

35

Restaurant

Puis-je voir le menu, s'il vous plaît?	Կարո՞ղ եմ նայել ձեր ճաշացանկը: [karóg em naél dzer čašatsʰánkə?]
Une table pour une personne.	Սեղան մեկ հոգու համար: [segán mek hogú hamár]
Nous sommes deux (trois, quatre).	Մենք երկուսով (երեքով, չորսով) ենք: [menkʰ erkusóv (erekʰóv, čorsóv) enkʰ]

Fumeurs	Ծխողների համար [tsχoǧnerí hamár]
Non-fumeurs	Չծխողների համար [čtsχoǧnerí hamár]
S'il vous plaît!	Մունեցե'ք խնդրեմ: [motetsʰékʰ χndrém!]
menu	Ճաշացանկ [čašatsʰánk]
carte des vins	Գինեքարտ [ginekʰárt]
Le menu, s'il vous plaît.	Ճաշացանկը, խնդրեմ: [čašatsʰánkə, χndrem]

Êtes-vous prêts à commander?	Պատրա՞ստ եք պատվիրել: [patrást ekʰ patvirél?]
Qu'allez-vous prendre?	Ի՞նչ եք պատվիրելու: [inč ekʰ patvirelú?]
Je vais prendre ...	Ես կվերցնեմ ... [es kvertsʰném ...]

Je suis végétarien.	Ես բուսակեր եմ: [es busakér em]
viande	միս [mis]
poisson	ձուկ [dzuk]
légumes	բանջարեղեն [bandžareǧén]
Avez-vous des plats végétariens?	Դուք ունե՞ք բուսակերական ճաշատեսակներ: dukʰ unékʰ busakerakán čašatesaknér?]
Je ne mange pas de porc.	Ես խոզի միս չեմ ուտում: [es χozí mis čem utúm]
Il /elle/ ne mange pas de viande.	Նա միս չի ուտում: [na mis či utúm]

Je suis allergique à …

Ես …ից ալերգիա ունեմ:
[es …itsʰ alergija uném]

Pourriez-vous m'apporter …,
s'il vous plaît.

Խնդրում եմ, ինձ … բերեք:
[xndrum em, indz … berékʰ]

le sel | le poivre | du sucre

աղ | պղպեղ | շաքար
[ag | pġpeġ | šakʰár]

un café | un thé | un dessert

սուրճ | թեյ | աղանդեր
[surč | tʰej | aġandér]

de l'eau | gazeuse | plate

ջուր | գազավորված | չգազավորված
[dʒur | gazavorváts | čgazavorváts]

une cuillère | une fourchette | un couteau

գդալ | պատառաքաղ | դանակ
[gdal | patarakʰáġ | danák]

une assiette | une serviette

ափսե | անձեռոցիկ
[apʰsé | andzerotsʰík]

Bon appétit!

Բարի ախորժակ՛կ:
[barí axorʒák!]

Un de plus, s'il vous plaît.

Էլի բերեք, խնդրում եմ:
[éli berékʰ, xndrum ēm]

C'était délicieux.

Շատ համեղ էր:
[šat haméġ ēr]

l'addition | de la monnaie | le pourboire

հաշիվ | մանրադրամ | թեյավճար
[hašív | manradrám | tʰejavčár]

L'addition, s'il vous plaît.

Հաշիվը, խնդրում եմ:
[hašívə, xndrum em]

Puis-je payer avec la carte?

Կարո՞ղ եմ վճարել քարտով:
[karóġ em včarél kʰartóv?]

Excusez-moi, je crois qu'il y a une
erreur ici.

Ներեցեք, այստեղ սխալ կա:
[neretsʰékʰ, ajstéġ sxal ka]

Shopping. Faire les Magasins

Est-ce que je peux vous aider?	**Կարո՞ղ եմ օգնել ձեզ:** [karóġ em ognél dzez?]
Avez-vous ... ?	**Դուք ունե՞ք ...:** [dukʰ unékʰ ...?]
Je cherche ...	**Ես փնտրում եմ ...** [es pʰntrum em ...]
Il me faut ...	**Ինձ պետք է ...** [indz petkʰ ē ...]

Je regarde seulement, merci.	**Ես ուղղակի նայում եմ:** [es uġġakí najúm em]
Nous regardons seulement, merci.	**Մենք ուղղակի նայում ենք:** [menkʰ uġġakí najúm enkʰ]
Je reviendrai plus tard.	**Ես ավելի ուշ կայցելեմ:** [es avelí uš kajtsʰelém]
On reviendra plus tard.	**Մենք ավելի ուշ կայցելենք:** [menkʰ avelí uš kajtsʰelénk]
Rabais | Soldes	**զեղչեր | իսպառ վաճառք** [zeġčér | ispár vačárkʰ]

Montrez-moi, s'il vous plaît ...	**Ցույց տվեք ինձ, խնդրում եմ ...** [tsʰujtsʰ tvekʰ indz, χndrum em ...]
Donnez-moi, s'il vous plaît ...	**Տվեք ինձ, խնդրում եմ ...** [tvekʰ indz, χndrum em...]
Est-ce que je peux l'essayer?	**Կարո՞ղ եմ ես սա փորձել:** [karóġ em es sa pʰordzél?]
Excusez-moi, où est la cabine d'essayage?	**Ներեցեք, որտե՞ղ է հանդերձարանը:** [neretsʰékʰ, vortéġ ē handerdzaránə?]
Quelle couleur aimeriez-vous?	**Ի՞նչ գույն եք ուզում:** [inč gujn ekʰ uzum?]
taille | longueur	**չափս | հասակ** [čapʰs | hasák]
Est-ce que la taille convient ?	**Եղա՞վ:** [eġáv?]

Combien ça coûte?	**Սա ինչքա՞ն արժե:** [sa inčkʰán arʒé?]
C'est trop cher.	**Դա չափազանց թանկ է:** [da čapʰazántsʰ tʰank ē]
Je vais le prendre.	**Ես կվերցնեմ սա:** [es kvertsʰném sa]
Excusez-moi, où est la caisse?	**Ներեցեք, որտե՞ղ է դրամարկղը:** [neretsʰékʰ, vortéġ ē dramárkġə?]

Payerez-vous comptant ou par carte de crédit?

Ինչպե՞ս կ եք վճարելու։
Կանխի՞կ կ թե քարտով։
inčpés ekʰ včarelú?
kanχík tʰe kʰartóv?]

Comptant | par carte de crédit

կանխիկ | քարտով
[kanχík | kʰartóv]

Voulez-vous un reçu?

Ձեզ չեկն անհրաժե՞շտ է։
[dzez čekʰn anhraʒéšt ē?]

Oui, s'il vous plaît.

Այո, խնդրում եմ։
[ajó, χndrum em]

Non, ce n'est pas nécessaire.

Ոչ, պետք չէ. Շնորհակալություն։
[voč, petkʰ čē. šnorhakalutʰjún]

Merci. Bonne journée!

Շնորհակալություն։ Յտեսություն'ն։
[šnorhakalutʰjún tsʰtesutʰjún!]

En ville

Excusez-moi, ...	Ներեցեք խնդրեմ ... [neretsʰékʰ, χndrem ...]
Je cherche ...	Ես փնտրում եմ ... [es pʰntrum em ...]
le métro	մետրո [metró]
mon hôtel	իմ հյուրանոցը [im hjuranótsʰə]
le cinéma	կինոթատրոն [kinotʰatrón]
un arrêt de taxi	տաքսիների կայան [takʰsinerí kaján]

un distributeur	բանկոմատ [bankomát]
un bureau de change	արժույթի փոխանակման կետ [arʒujtʰí pʰoχanakmán ket]
un café internet	ինտերնետ-սրճարան [internét-srčarán]
la rue ...	... փողոցը [... pʰogótsʰə]
cette place-ci	այս տեղը [ajs tégə]

Savez-vous où se trouve ...?	Դուք գիտե՞ք որտեղ է գտնվում ...: [dukʰ gitékʰ vortég é gtnvum ...?]
Quelle est cette rue?	Ինչպե՞ս է կոչվում այս փողոցը: [inčpés é kočvum ajs pʰogótsʰə?]
Montrez-moi où sommes-nous, s'il vous plaît.	Ցույց տվեք որտեղ ենք մենք հիմա: [tsʰújtsʰ tvekʰ, vortég enkʰ menkʰ himá]
Est-ce que je peux y aller à pied?	Ես կհասնե՞մ այնտեղ ոտքով: [es khasném ajntég votkʰóv?]
Avez-vous une carte de la ville?	Դուք ունե՞ք քաղաքի քարտեզը: [dukʰ unékʰ kʰagakí kʰartézə?]

C'est combien pour un ticket?	Որքան արժե մուտքի տոմսը: [vorkán arʒé mutkʰí tómsə?]
Est-ce que je peux faire des photos?	Այստեղ կարելի՞ է լուսանկարել: [ajstég karelí é lusankarél?]
Êtes-vous ouvert?	Դուք բա՞ց եք: [dukʰ batsʰ ekʰ?]

À quelle heure ouvrez-vous?

Ժամը քանիսի՞ն եք դուք բացվում:
[ʒámə kʰanisín ek duk batsʰvúm?]

À quelle heure fermez-vous?

Մինչև ո՞ր ժամն եք աշխատում:
[minčév vor ʒámn ekʰ ašχatúm?]

L'argent

argent	փող [pʰogʰ]
argent liquide	կանխիկ դրամ [kanχík dram]
des billets	թղթադրամ [tʰgtʰadrám]
petite monnaie	մանրադրամ [manradrám]
l'addition | de la monnaie | le pourboire	հաշիվ | մանր | թեյավճար [hašiv | manr | tʰejavčár]

carte de crédit	կրեդիտ քարտ [kredit kʰart]
portefeuille	դրամապանակ [dramapanák]
acheter	գնել [gnel]
payer	վճարել [včarél]
amende	տուգանք [tugánkʰ]
gratuit	անվճար [anvčár]

Où puis-je acheter … ?	Որտե՞ղ կարող եմ գնել …: [vórteg karógʰ em gnel …?]
Est-ce que la banque est ouverte en ce moment?	Բանկը հիմա բա՞ց է: [bánkə himá batsʰ é?]
À quelle heure ouvre-t-elle?	Ժամը քանիսի՞ն է այն բացվում: [ʒámé kʰanisín é ajn batsʰvúm?]
À quelle heure ferme-t-elle?	Մինչև ո՞ր ժամն է այն աշխատում: [minčév vor ʒamn é ajn ašχatúm?]

C'est combien?	Ինչքա՞ն: [inčkʰán?]
Combien ça coûte?	Սա ինչքա՞ն արժե: [sa inčkʰán arʒé?]
C'est trop cher.	Դա չափազանց թանկ է: [da čapʰazántsʰ tʰank é]

Excusez-moi, où est la caisse?	Ներեցեք, որտե՞ղ է դրամարկղը: [neretsʰékʰ, vortégʰ é dramárkgə?]
L'addition, s'il vous plaît.	Հաշիվը, խնդրում եմ: [hašivə, χndrum em]

Puis-je payer avec la carte?	Կարո՞ղ եմ վճարել քարտով: [karóg em včarél kʰartóv?]
Est-ce qu'il y a un distributeur ici?	Այստեղ բանկոմատ կա՞: [ajstég bankomát ka?]
Je cherche un distributeur.	Ինձ բանկոմատ է հարկավոր: [indz bankomát ē harkavór]
Je cherche un bureau de change.	Ես փնտրում եմ փոխանակման կետ: [es pʰntrum em pʰoχanakmán ket]
Je voudrais changer ...	Ես ուզում եմ փոխանակել ... [es uzúm em pʰoχanakél ...]
Quel est le taux de change?	Ասացեք, խնդրեմ, փոխարժեքը: [asatsʰékʰ, χndrém, pʰoχarʒékʰə?]
Avez-vous besoin de mon passeport?	Ձեզ պե՞տք է իմ անձնագիրը: [dzez petkʰ ē im andznagirə?]

Le temps

Quelle heure est-il?	Ժամը քանի՞ ն է: [ʒámə kʰanisn ē?]
Quand?	Ե՞րբ: [erb?]
À quelle heure?	Ժամը քանիսի՞ ն: [ʒámə kʰanisín?]
maintenant | plus tard | après ...	հիմա | ավելի ուշ | ...ից հետո [híma | avelí uš | ...itsʰ hetó]

une heure	ցերեկվա ժամը մեկը [tsʰerekvá ʒámə mékə]
une heure et quart	մեկն անց տասնհինգ րոպե [mékn antsʰ tasnhíng ropé]
une heure et demie	մեկն անց կես [mékn antsʰ kes]
deux heures moins quart	երկուսին տասնհինգ պակաս [erkusín tasnhíng pakás]

un | deux | trois	մեկ | երկու | երեք [mek | erkú | erékʰ]
quatre | cinq | six	չորս | հինգ | վեց [čors | hing | vetsʰ]
sept | huit | neuf	յոթ | ութ | ինը [jotʰ | utʰ | ínə]
dix | onze | douze	տաս | տասնմեկ | տասներկու [tas | tasnəmék | tasnerkú]

dans ...	...ից [...itsʰ]
cinq minutes	հինգ րոպե [hing ropé]
dix minutes	տաս րոպե [tas ropé]
quinze minutes	տասնհինգ րոպե [tasnhíng ropé]
vingt minutes	քսան րոպե [kʰsan ropé]
une demi-heure	կես ժամ [kes ʒam]
une heure	մեկ ժամ [mek ʒam]

dans la matinée	առավոտյան
	[aravotján]
tôt le matin	վաղ առավոտյան
	[vaǵ aravotján]
ce matin	այսօր առավոտյան
	[ajsór aravotján]
demain matin	վաղն առավոտյան
	[vaǵn aravotján]

à midi	ճաշին
	[čašín]
dans l'après-midi	ճաշից հետո
	[čašíts‿ʰ hetó]
dans la soirée	երեկոյան
	[erekoján]
ce soir	այսօր երեկոյան
	[ajsór erekoján]

la nuit	գիշերը
	[gišérə]
hier	երեկ
	[erék]
aujourd'hui	այսօր
	[ajsór]
demain	վաղը
	[váǵə]
après-demain	վաղը չէ մյուս օրը
	[váǵə čē mjus órə]

Quel jour sommes-nous aujourd'hui?	Շաբաթվա ի՞նչ օր է այսօր:
	[šabatʰvá inč or ē ajsór?]
Nous sommes ...	Այսօր ... է:
	[ajsór ... ē]
lundi	երկուշաբթի
	[erkušabtʰí]
mardi	երեքշաբթի
	[erekʰšabtʰí]
mercredi	չորեքշաբթի
	[čorekʰšabtʰí]

jeudi	հինգշաբթի
	[hingšabtʰí]
vendredi	ուրբաթ
	[urbátʰ]
samedi	շաբաթ
	[šabátʰ]
dimanche	կիրակի
	[kirakí]

Salutations - Introductions

Bonjour.	Բարև Ձեզ։ [barév dzez]
Enchanté /Enchantée/	Ուրախ եմ Ձեզ հետ ծանոթանալու։ [uráχ em dzez het tsanotʰanalú]
Moi aussi.	Նմանապես։ [nmanapés]
Je voudrais vous présenter ...	Ծանոթացեք։ Սա ... է։ [tsanotʰatsʰékʰ. sa ... ē]
Ravi de vous rencontrer.	Շատ հաճելի է։ [šat hačelí ē]
Comment allez-vous?	Ինչպե՞ս եք։ Ինչպե՞ս են ձեր գործերը։ [inčpés ekʰ? inčpés en dzer gortsére?]
Je m'appelle ...	Իմ անունը ... է։ [im anúnə ... ē]
Il s'appelle ...	Նրա անունը ... է։ [nra anúnə ... ē]
Elle s'appelle ...	Նրա անունը ... է։ [nra anúnə ... ē]
Comment vous appelez-vous?	Ձեր անունն ի՞նչ է։ [dzer anúnn inč ē?]
Quel est son nom? (m)	Ի՞նչ է նրա անունը։ [inč ē nra anúnə?]
Quel est son nom? (f)	Ի՞նչ է նրա անունը։ [ínč ē nra anúnə?]
Quel est votre nom de famille?	Ի՞նչ է ձեր ազգանունը։ [inč ē dzer azganúnə?]
Vous pouvez m'appeler ...	Ասացեք ինձ ... [asatsʰékʰ indz ...]
D'où êtes-vous?	Որտեղի՞ց եք դուք։ [vortegítsʰ ekʰ dukʰ?]
Je suis de ...	Ես ...ից եմ։ [es ...itsʰ em]
Qu'est-ce que vous faites dans la vie?	Որտե՞ղ եք աշխատում։ [vortég ekʰ ašχatúm?]
Qui est-ce?	Ո՞վ է սա։ [ov ē sa?]
Qui est-il?	Ո՞վ է նա։ [ov ē na?]
Qui est-elle?	Ո՞վ է նա։ [ov ē na?]
Qui sont-ils?	Ո՞վ են նրանք։ [ov en nrankʰ?]

C'est …	Սա …ն է:
	[sa …n ē]
mon ami	իմ ընկեր
	[im ənkér]
mon amie	իմ ընկերուհի
	[im ənkeruhí]
mon mari	իմ ամուսին
	[im amusín]
ma femme	իմ կին
	[im kin]
mon père	իմ հայր
	[im hajr]
ma mère	իմ մայր
	[im majr]
mon frère	իմ եղբայր
	[im egbájr]
ma sœur	իմ քույր
	[im kʰujr]
mon fils	իմ որդի
	[im vordí]
ma fille	իմ դուստր
	[im dustr]
C'est notre fils.	Սա մեր որդին է:
	[sa mer vordín ē]
C'est notre fille.	Սա մեր դուստրն է:
	[sa mer dustrn ē]
Ce sont mes enfants.	Սրանք իմ երեխաներն են:
	[srankʰ im ereχanérn en]
Ce sont nos enfants.	Սրանք մեր երեխաներն են:
	[srankʰ mer ereχanérn en]

Les adieux

Au revoir!	Ցտեսություն: [tsʰtesutʰjún!]
Salut!	Հաջո'ղ: [hadʒóg!]
À demain.	Մինչ վաղը: [minč vágə]
À bientôt.	Մինչ հանդիպում: [minč handipúm]
On se revoit à sept heures.	Կհանդիպենք ժամը յոթին: [khandipénkʰ ʒámə jotʰín]

Amusez-vous bien!	Զվարճացե'ք: [zvarčatsʰékʰ!]
On se voit plus tard.	Հետո կխոսենք: [hetó kχosénkʰ]
Bonne fin de semaine.	Հաջող հանգստյան օրեր եմ ցանկանում: [hadʒóg hangstján orér em tsʰankanúm]
Bonne nuit.	Բարի գիշեր: [barí gišér]

Il est l'heure que je parte.	Գնալու ժամանակն է: [gnalús ʒamanákn é]
Je dois m'en aller.	Ես պետք է գնամ: [es petkʰ é gnam]
Je reviens tout de suite.	Ես հիմա կվերադառնամ: [es himá kveradarnám]

Il est tard.	Արդեն ուշ է: [ardén uš é]
Je dois me lever tôt.	Ես պետք է վաղ արթնանամ: [es petkʰ é vag artʰnanám]
Je pars demain.	Ես վաղը մեկնում եմ: [es vágə meknúm em]
Nous partons demain.	Մենք վաղը մեկնում ենք: [menkʰ vágə meknúm enkʰ]

Bon voyage!	Բարի ճանապարհ: [barí čanapárh!]
Enchanté de faire votre connaissance.	Հաճելի էր ձեզ հետ ծանոթանալ: [hačelí ēr dzez hēt tsanotʰanál]
Heureux /Heureuse/ d'avoir parlé avec vous.	Հաճելի էր ձեզ հետ շփվել: [hačelí ēr dzez hēt špʰvel]
Merci pour tout.	Շնորհակալություն ամեն ինչի համար: [šnorhakalutʰjún amén inčí hamár]

Je me suis vraiment amusé /amusée/	Ես հոյակապ անցկացրի ժամանակը: [es hojakáp antsʰkatsʰretsʰi ʒamanákə]
Nous nous sommes vraiment amusés /amusées/	Մենք հոյակապ անցկացրեցինք ժամանակը: menkʰ hojakáp antsʰkatsʰretsʰínkʰ ʒamanákə]
C'était vraiment plaisant.	Ամեն ինչ հոյակապ էր: [amén inč hojakáp ér]
Vous allez me manquer.	Ես կկարոտեմ: [es kəkarotém]
Vous allez nous manquer.	Մենք կկարոտենք: [menkʰ kəkaroténkʰ]

Bonne chance!	Հաջողություն ՛ն: Մնաք բարո՛վ: [hadʒoġutʰjún! mnakʰ baróv!]
Mes salutations à ...	Բարևեք ...ին: [barevékʰ ...in]

Une langue étrangère

Je ne comprends pas.	Ես չեմ հասկանում: [es čem haskanúm]
Écrivez-le, s'il vous plaît.	Խնդրում եմ, գրեք դա: [xndrum em, grekʰ da]
Parlez-vous ...?	Դուք գիտե՞ք ...: [dukʰ gitékʰ ...?]

Je parle un peu ...	Ես գիտեմ մի քիչ ... [es gitém mi kʰič ...]
anglais	անգլերեն [anglerén]
turc	թուրքերեն [tʰurkʰerén]
arabe	արաբերեն [araberén]
français	ֆրանսերեն [franserén]

allemand	գերմաներեն [germanerén]
italien	իտալերեն [italerén]
espagnol	իսպաներեն [ispanerén]
portugais	պորտուգալերեն [portugalerén]
chinois	չինerեն [činerén]
japonais	ճապոներեն [čaponerén]

Pouvez-vous le répéter, s'il vous plaît.	Կրկնեք, խնդրեմ: [krknekʰ, xndrem]
Je comprends.	Ես հասկանում եմ: [es haskanúm em]
Je ne comprends pas.	Ես չեմ հասկանում: [es čem haskanúm]
Parlez plus lentement, s'il vous plaît.	Խոսեք դանդաղ, խնդրում եմ: [xosékʰ dandág, xndrúm em]

Est-ce que c'est correct?	Սա ճի՞շտ է: [sa čišt ē?]
Qu'est-ce que c'est?	Ի՞նչ է սա: [inč ē sa?]

Les excuses

Excusez-moi, s'il vous plaît.

Ներեցէք, խնդրեմ:
[nerets'ék', χndrem]

Je suis désolé /désolée/

Ցավում եմ:
[ts'avúm em]

Je suis vraiment /désolée/

Շատ ափսոս:
[šat ap'sós]

Désolé /Désolée/, c'est ma faute.

Իմ մեղավորությունն է:
[im meğavorut'júnn ē]

Au temps pour moi.

Իմ սխալն է:
[im sχaln ē]

Puis-je ... ?

Ես կարո՞ղ եմ ...:
[es karóğ em ...?]

Ça vous dérange si je ...?

Դեմ չե՞ք լինի, եթե ես ...:
[dem ček' liní, et'é es ...?]

Ce n'est pas grave.

Սարսափելի ոչինչ չկա:
[sarsap'elí vočínč čka]

Ça va.

Ամեն ինչ կարգին է:
[amén inč kargín ē]

Ne vous inquiétez pas.

Մի անհանգստացէք:
[mi anhangstats'ék']

Les accords

Oui	Այո: [ajó]
Oui, bien sûr.	Այո, իհարկե: [ajó, ihárke]
Bien.	Լավ [lav!]
Très bien.	Շատ լավ: [šat lav]
Bien sûr!	Իհա'րկե: [ihárke!]
Je suis d'accord.	Ես համաձայն եմ: [es hamadzájn em]

C'est correct.	Ճիշտ է: [čišt ē]
C'est exact.	Ճիշտ է: [čišt ē]
Vous avez raison.	Դուք իրավացի եք: [dukʰ iravatsʰí ekʰ]
Je ne suis pas contre.	Ես չեմ առարկում: [es čem ararkúm]
Tout à fait correct.	Բացարձակ ճիշտ է: [batsʰardzák čišt ē]

C'est possible.	Հնարավոր է: [hnaravór ē]
C'est une bonne idée.	Լավ միտք է: [lav mitkʰ ē]
Je ne peux pas dire non.	Չեմ կարող մերժել: [čem karóg meržél]
J'en serai ravi /ravie/	Ուրախ կլինեմ: [uráχ kliném]
Avec plaisir.	Հաճույքով: [hačujkʰóv]

Refus, exprimer le doute

Non	Ոչ։ [voč]
Absolument pas.	Իհարկե, ոչ։ [ihárke, voč]
Je ne suis pas d'accord.	Ես համաձայն չեմ։ [es hamadzájn em]
Je ne le crois pas.	Ես այդպես չեմ կարծում։ [es ajdpés čem karʦúm]
Ce n'est pas vrai.	Սուտ է։ [sut ē]

Vous avez tort.	Դուք իրավացի չեք։ [dukʰ iravaʦʰí čekʰ]
Je pense que vous avez tort.	Կարծում եմ՝ իրավացի չեք։ [karʦúm em, iravaʦʰí čekʰ]
Je ne suis pas sûr /sûre/	Համոզված չեմ։ [hamozváʦ čem]
C'est impossible.	Անհնար է։ [anhnár ē]
Pas du tout!	Ո՛չ մի նման բան։ [voč mi nman ban!]

Au contraire!	Հակառակը։ [hakarákə!]
Je suis contre.	Ես դեմ եմ։ [es dem em]
Ça m'est égal.	Ինձ միևնույն է։ [indz mievnújn ē]
Je n'ai aucune idée.	Գաղափար չունեմ։ [gaġapʰár čuném]
Je doute que cela soit ainsi.	Կասկածում եմ, որ այդպես է։ [kaskaʦúm ēm, vor ajdpés ē]

Désolé /Désolée/, je ne peux pas.	Ներեցեք, չեմ կարող։ [nereʦʰékʰ, čem karóġ]
Désolé /Désolée/, je ne veux pas.	Ներեցեք, չեմ ուզում։ [nereʦʰékʰ, čem uzúm]

Merci, mais ça ne m'intéresse pas.	Շնորհակալություն, ինձ պետք չէ։ [šnorhakalutʰjún, indz petkʰ čē]
Il se fait tard.	Արդեն ուշ է։ [ardén uš ē]

Je dois me lever tôt.

Je ne me sens pas bien.

Ես պետք է վաղ արթնանամ:
[es petkʰ ē vaġ artʰnanám]

Ես ինձ վատ եմ զգում:
[es indz vat em zgum]

Exprimer la gratitude

Merci.	Շնորհակալություն: [šnorhakaluťʰjún]
Merci beaucoup.	Շատ շնորհակալ եմ: [šat šnorhakál em]
Je l'apprécie beaucoup.	Շատ շնորհակալ եմ: [šat šnorhakál em]
Je vous suis très reconnaissant.	Շնորհակալ եմ: [šnorhakál em]
Nous vous sommes très reconnaissant.	Շնորհակալ ենք: [šnorhakál enkʰ]

Merci pour votre temps.	Շնորհակալություն, որ ծախսեցիք ձեր ժամանակը: šnorhakaluťʰjún, vor tsaχsetsʰíkʰ dzer ʒamanákə]
Merci pour tout.	Շնորհակալություն ամեն ինչի համար: [šnorhakaluťʰjún amén inčí hamár]
Merci pour …	Շնորհակալություն … համար: [šnorhakaluťʰjún … hamár]
votre aide	ձեր օգնության [dzer ognuťʰján]
les bons moments passés	լավ ժամանցի [lav ʒamantsʰí]

un repas merveilleux	հոյակապ ուտեստների [hojakáp ütestnerí]
cette agréable soirée	հաճելի երեկոյի [hačelí erekojí]
cette merveilleuse journée	հիանալի օրվա [hianalí orvá]
une excursion extraordinaire	հետաքրքիր էքսկուրսիայի [hetakʰrkír ěkʰskursiají]

Il n'y a pas de quoi.	Չարժե: [čarʒé]
Vous êtes les bienvenus.	Չարժե: [čarʒé]
Mon plaisir.	Միշտ խնդրեմ: [mišt χndrém]
J'ai été heureux /heureuse/ de vous aider.	Ուրախ էի օգնելու: [uráχ ěi ognelú]

Ça va. N'y pensez plus.

Մոռացեք:
[moratsʰékʰ]

Ne vous inquiétez pas.

Մի անհանգստացեք:
[mi anhangstatsʰékʰ]

Félicitations. Vœux de fête

Félicitations!
Շնորհավորում եմ:
[šnorhavorúm em!]

Joyeux anniversaire!
Շնորհավո'ր ծննդյան օրը:
[šnorhavór tsnəndzján órə!]

Joyeux Noël!
Շնորհավո'ր Սուրբ ծնունդ:
[šnorhavór surb tsnund!]

Bonne Année!
Շնորհավո'ր Ամանոր:
[šnorhavór amanór!]

Joyeuses Pâques!
Շնորհավո'ր Զատիկ:
[šnorhavór zatík!]

Joyeux Hanoukka!
Ուրա'խ Հանուկա:
[uráx hánuka!]

Je voudrais proposer un toast.
Ես կենաց ունեմ:
[es kenátsʰ uném]

Santé!
Ձեր առողջության կենաց'ը:
[dzer aroǵdʒutʰján kenátsʰə!]

Buvons à …!
Խմե'նք … համար:
[xmenkʰ … hamár!]

À notre succès!
Մեր հաջողության կենաց'ը:
[mér hadʒoǵutʰján kenátsʰə!]

À votre succès!
Ձեր հաջողության կենաց'ը:
[dzer hadʒoǵutʰján kenátsʰə!]

Bonne chance!
Հաջողությո'ւն:
[hadʒoǵutʰjún!]

Bonne journée!
Հաճելի օ'ր եմ ցանկանում:
[hačelí or em tsʰankanúm!]

Passez de bonnes vacances !
Հաճելի հանգի'ստ եմ ցանկանում:
[hačelí hangíst em tsʰankanúm!]

Bon voyage!
Բարի ճանապա'րհ:
[barí čanapárh!]

Rétablissez-vous vite.
Շուտ ապաքինում եմ ցանկանում:
[šut apakʰinúm em tsʰankanúm!]

Socialiser

Pourquoi êtes-vous si triste?	Ինչո՞ւ եք տխրել: [inčú ekʰ txrel?]
Souriez!	Ժպտացե՛ք: [ʒptatsʰékʰ!]
Êtes-vous libre ce soir?	Դուք զբաղվա՞ծ եք այսոր երեկոյան: [dukʰ zbaġváts ekʰ ajsór erekoján?]

Puis-je vous offrir un verre?	Կարո՞ղ եմ առաջարկել ձեզ որևէ ըմպելիք: karóġ ēm aradʒarkél dzez vorevé əmpelíkʰ?]
Voulez-vous danser?	Չե՞ք ցանկանա պարել: [čekʰ tsʰankaná parél?]
Et si on va au cinéma?	Գնա՞նք կինոթատրոն: [gnankʰ kinotʰatrón?]

Puis-je vous inviter …	Կարո՞ղ եմ հրավիրել ձեզ …: [karóġ em hravirél dzez …?]
au restaurant	ռեստորան [restorán]
au cinéma	կինոթատրոն [kinotʰatrón]
au théâtre	թատրոն [tʰatrón]
pour une promenade	զբոսանքի [zbosankʰí]

À quelle heure?	Ժամը քանիսի՞ն: [ʒámə kʰanisín?]
ce soir	այսոր երեկոյան [ajsór erekoján]
à six heures	ժամը վեցին [ʒámə vetsʰín]
à sept heures	ժամը յոթին [ʒámə jotʰín]
à huit heures	ժամը ութին [ʒámə utʰín]
à neuf heures	ժամը իննին [ʒámə innín]

Est-ce que vous aimez cet endroit?	Ձեզ այստեղ դո՞ւր է գալիս: [dzez ajstéġ dur ē galís?]
Êtes-vous ici avec quelqu'un?	Դուք այստեղ ինչ-որ մեկի հետ ե՞ք: [dukʰ ajstéġ inč-vor mekí het ekʰ]

Je suis avec mon ami.	Ես ընկերոջս /ընկերուհիս/ հետ եմ։ [es ənkeródʒs /ənkeruhús/ het em]
Je suis avec mes amis.	Ես ընկերներիս հետ եմ։ [es ənkernerís het em]
Non, je suis seul /seule/	Ես մենակ եմ։ [es menák em]

As-tu un copain?	Դու ընկեր ունե՞ս։ [du ənkér unés?]
J'ai un copain.	Ես ընկեր ունեմ։ [es ənkér uném]
As-tu une copine?	Դու ընկերուհի ունե՞ս։ [du ənkeruhí unés?]
J'ai une copine.	Ես ընկերուհի ունեմ։ [es ənkeruhí uném]

Est-ce que je peux te revoir?	Մենք դեռ կհանդիպե՞նք։ [menkʰ der khandipénkʰ?]
Est-ce que je peux t'appeler?	Կարո՞ղ եմ քեզ զանգահարել։ [karóg em kʰez zangaharél?]
Appelle-moi.	Կզանգես։ [kzangés]
Quel est ton numéro?	Ո՞նց է համարդ [vontsʰ ē hamárt?]
Tu me manques.	Ես կարոտում եմ քեզ։ [es karotúm em kʰez]

Vous avez un très beau nom.	Դուք շատ գեղեցիկ անուն ունեք։ [dukʰ šat gegetsʰík anún unékʰ]
Je t'aime.	Ես սիրում եմ քեզ։ [es sirúm em kʰez]
Veux-tu te marier avec moi?	Ամի՞ ամուսնանանք։ [arí amusnanánkʰ]
Vous plaisantez!	Դուք կատակում եք։ [dukʰ katakúm ekʰ]
Je plaisante.	Ես ուղղակի կատակում եմ։ [es uġġakí katakúm em]

Êtes-vous sérieux /sérieuse/?	Դուք լրջ եք ասում։ [dukʰ lúrdʒ ekʰ asúm?]
Je suis sérieux /sérieuse/	Ես լուրջ եմ ասում։ [es lurdʒ em asúm]
Vraiment?!	Իրո՞ք։ [irókʰ?!]
C'est incroyable!	Դա անհավանական է։ [da anhavanakán ē!]
Je ne vous crois pas.	Ես ձեզ չեմ հավատում։ [es dzez čem havatúm]
Je ne peux pas.	Ես չեմ կարող։ [es čem karóg]
Je ne sais pas.	Ես չգիտեմ։ [es čgitém]

Je ne vous comprends pas

Ես ձեզ չեմ հասկանում:
[es dzez čem haskanúm]

Laissez-moi! Allez-vous-en!

Հեռացեք, խնդրում եմ:
[hératsʰekʰ, xndrum em]

Laissez-moi tranquille!

Ինձ հանգիստ աս թողեք:
[indz hangíst tʰogékʰ]

Je ne le supporte pas.

Ես նրան տանել չեմ կարողանում:
[es nran tanél čem karoğanúm]

Vous êtes dégoûtant!

Դուք զզվելի' եք:
[dukʰ zәzvelí ekʰ]

Je vais appeler la police!

Ես ոստիկանություն'ն կկանչեմ:
[es vostikanutʰjún kәkančém!]

Partager des impressions. Émotions

J'aime ça.	Ինձ դա դուր է գալիս: [indz da dur ē galís]
C'est gentil.	Հաճելի է: [hačelí ē]
C'est super!	Հրաշալի' է!: [hrašalí ē!]
C'est assez bien.	Վատ չէ: [vat čé]

Je n'aime pas ça.	Սա ինձ դուր է գալիս: [sa indz dur ē galís]
Ce n'est pas bien.	Դա լավ չէ: [da lav čé]
C'est mauvais.	Դա վատ է: [da vat ē]
Ce n'est pas bien du tout.	Դա շատ վատ է: [da šat vat ē]
C'est dégoûtant.	Զզվելի է: [zəzvelí ē]

Je suis content /contente/	Ես երջանիկ եմ: [es erdžaník em]
Je suis heureux /heureuse/	Ես գոհ եմ: [es goh em]
Je suis amoureux /amoureuse/	Ես սիրահարված եմ: [es siraharvél em]
Je suis calme.	Ես հանգիստ եմ: [es hangíst em]
Je m'ennuie.	Ես ձանձրանում եմ: [es dzandzranúm em]

Je suis fatigué /fatiguée/	Ես հոգնել եմ: [es hognél em]
Je suis triste.	Ես տխուր եմ: [es txur em]
J'ai peur.	Ես վախեցած եմ: [es vaxetsʰáts em]

Je suis fâché /fâchée/	Ես զայրանում եմ: [es zajranúm em]
Je suis inquiet /inquiète/	Ես անհանգստանում եմ: [es anhangstanúm em]
Je suis nerveux /nerveuse/	Ես ջղայնանում եմ: [es džġajnanúm em]

Je suis jaloux /jalouse/

Ես նախանձում եմ։
[es naχandzúm em]

Je suis surpris /surprise/

Ես զարմացած եմ։
[es zarmatsʰáts em]

Je suis gêné /gênée/

Ես շփոթված եմ։
[es špʰotʰváts em]

Problèmes. Accidents

J'ai un problème.	Ես խնդիր ունեմ:
	[es χndír uném]
Nous avons un problème.	Մենք խնդիրներ ունենք:
	[menkʰ χndírner unénkʰ]
Je suis perdu /perdue/	Ես մոլորվել եմ:
	[es molorvél em]
J'ai manqué le dernier bus (train).	Ես ուշացել եմ վերջին ավտոբուսից (գնացքից):
	es ušatsʰél em avtobusítsʰ (gnatsʰkʰítsʰ)]
Je n'ai plus d'argent.	Ինձ մոտ դրամ ընդհանրապես չի մնացել:
	indz mot drám əndhanrapés čí mnatsʰél]

J'ai perdu mon ...	Ես կորցրել եմ ...
	[es kortsʰrél em ...]
On m'a volé mon ...	Ինձ մոտից գողացել են ...
	[indz mot gogatsʰél en ...]
passeport	անձնագիրը
	[andznagírə]
portefeuille	դրամապանակը
	[dramapanákə]
papiers	փաստաթղթերը
	[pʰastatʰgtʰérə]
billet	տոմսը
	[tómsə]
argent	փողը
	[pʰógə]
sac à main	պայուսակը
	[pajusákə]
appareil photo	ֆոտոապարատը
	[fotoaparátə]
portable	նոութբուքը
	[noutʰbúkʰə]
ma tablette	պլանշետը
	[planšétə]
mobile	հեռախոսը
	[heraχósə]

Au secours!	Oգնեgե՛ք:
	[ognetsʰékʰ!]
Qu'est-il arrivé?	Ի՞նչ է պատահել:
	[inč é pátahél?]

un incendie	հրդեհ
	[hrdeh]
des coups de feu	կրակոց
	[krakóts^h]
un meurtre	սպանություն
	[spanut^hjún]
une explosion	պայթյուն
	[pajt^hjún]
une bagarre	կռիվ
	[kriv]

Appelez la police!	Ոստիկանություն'ւն կանչեք:
	[vostikanut^hjún kančék^h]
Dépêchez-vous, s'il vous plaît!	Արագացրե'ք, խնդրում եմ:
	[aragáts^hrék^h χndrum em!]
Je cherche le commissariat de police.	Ես փնտրում եմ ոստիկանության բաժին
	[es p^hntrum em vostikanut^hján bažín]
Il me faut faire un appel.	Ինձ պետք է զանգահարել:
	[indz petk^h ē zangaharél]
Puis-je utiliser votre téléphone?	Կարո՞ղ եմ զանգահարել:
	[karóg em zangaharél?]

J'ai été ...	Ինձ ...
	[indz ...]
agressé /agressée/	կողոպտել են
	[kogoptél en]
volé /volée/	թալանել են
	[t^halanél en]
violée	բռնաբարել են
	[brnabarél en]
attaqué /attaquée/	ծեծել են
	[tsetsél en]

Est-ce que ça va?	Ձեզ հետ ամեն ինչ կարգի՞ն է:
	[dzez hēt amén inč kargín ē?]
Avez-vous vu qui c'était?	Դուք տեսե՞լ եք, ով էր նա:
	[duk^h tesél ek^h ov ēr na?]
Pourriez-vous reconnaître cette personne?	Կարո՞ղ եք նրան ճանաչել:
	[karóg ek^h nran čanačél?]
Vous êtes sûr?	Համոզվա՞ծ եք:
	[hamozváts ek^h?]

Calmez-vous, s'il vous plaît.	Խնդրում եմ, հանգստացեք:
	[χndrum em, hangstats^hék^h]
Calmez-vous!	Հանգի'ստ:
	[hangíst!]
Ne vous inquiétez pas.	Մի անհանգստացեք:
	[mi anhangstats^hék^h]
Tout ira bien.	Ամեն ինչ լավ կլինի:
	[amén inč lav kliní]
Ça va. Tout va bien.	Ամեն ինչ կարգին է:
	[amén inč kargín ē]

Venez ici, s'il vous plaît.

Մոտեցե՛ք, խնդրեմ:
[motetsʰékʰ, xndrem]

J'ai des questions à vous poser.

Ես ձեզ մի քանի հարց ունեմ տալու:
[es dzez mi kʰaní hartsʰ uném talú]

Attendez un moment, s'il vous plaît.

Սպասե՛ք, խնդրեմ:
[spasékʰ, xndrem]

Avez-vous une carte d'identité?

Դուք փաստաթղթեր ունե՞ք:
[dukʰ pʰastatʰgtʰér uékʰ?]

Merci. Vous pouvez partir maintenant.

Շնորհակալություն:
Դուք կարող եք գնալ:
šnorhakalutʰjún.
dukʰ karóg ekʰ gnal]

Les mains derrière la tête!

Ձեռքերը գլխի հետև՛:
[dzerkʰére glxi hetév]

Vous êtes arrêté!

Դուք ձերբակալված եք:
[dukʰ dzerbakalváts ekʰ]

Problèmes de santé

Aidez-moi, s'il vous plaît.
Oգնեցեք, խնդրում եմ:
[ognets^hék^h, χndrum em]

Je ne me sens pas bien.
Ես ինձ վատ եմ զգում:
[es indz vat em zgum]

Mon mari ne se sent pas bien.
Իմ ամուսինն իրեն վատ է զգում:
[im amusínn irén vat ē zgum]

Mon fils …
Իմ որդին …
[im vordín …]

Mon père …
Իմ հայրն …
[im hajrn …]

Ma femme ne se sent pas bien.
Իմ կինն իրեն վատ է զգում:
[im kinn irén vat ē zgum]

Ma fille …
Իմ դուստրն …
[im dustrn …]

Ma mère …
Իմ մայրն …
[im majrn …]

J'ai mal …
Իմ … ցավում է:
[im … ts^havúm ē]

à la tête
գլուխր
[glúχə]

à la gorge
կոկորդր
[kokórdə]

à l'estomac
փորր
[p^hórə]

aux dents
ատամր
[atámə]

J'ai le vertige.
Գլուխս պտտվում է:
[gluχs ptətvúm ē]

Il a de la fièvre.
Նա ջերմություն ունի:
[na dʒermut^hjún uní]

Elle a de la fièvre.
Նա ջերմություն ունի:
[na dʒermut^hjún uní]

Je ne peux pas respirer.
Ես չեմ կարողանում շնչել:
[es čem karoğaním šnčel]

J'ai du mal à respirer.
Խեղդվում եմ:
[χeğdvúm em]

Je suis asthmatique.
Ես աստմահար եմ:
[es ast^hmahár em]

Je suis diabétique.
Ես շաքարախտ ունեմ:
[es šak^haráχt uném]

Je ne peux pas dormir.	Ես անքնությւն ունեմ: [es ankʰnutʰjún uném]
intoxication alimentaire	սննդային թունավորում [snəndajín tʰunavorúm]

Ça fait mal ici.	Այստեղ է ցավում: [ajstéǵ e tsʰavúm]
Aidez-moi!	Oգնեցե՛ք: [ognetsʰékʰ!]
Je suis ici!	Ես այստեղ'ն եմ: [es ajstéǵ em!]
Nous sommes ici!	Մենք այստեղ'ն ենք: [menkʰ ajstéǵ enkʰ!]
Sortez-moi d'ici!	Հանե՛ք ինձ: [hanékʰ indz]
J'ai besoin d'un docteur.	Ինձ բժիշկ է պետք: [indz bʒiŝk e petkʰ]
Je ne peux pas bouger!	Ես չեմ կարողանում շարժվել: [es čem karoǵanúm šarʒvél]
Je ne peux pas bouger mes jambes.	Ես չեմ զգում ոտքերս: [es čem zgum votkʰérs]

Je suis blessé /blessée/	Ես վիրավոր եմ: [es viravór em]
Est-ce que c'est sérieux?	Լո՞ւրջ: [lurdʒ?]
Mes papiers sont dans ma poche.	Իմ փաստաթղթերը գրպանումս են: [im pʰastatʰǵtʰərə grpanúms en]
Calmez-vous!	Հանգստացե՛ք: [hangstatsʰékʰ]
Puis-je utiliser votre téléphone?	Կարո՞ղ եմ զանգահարել: [karóǵ em zangaharél?]

Appelez une ambulance!	Շտապ օգնություն'ն կանչեք: [štap ognutʰjún kančékʰ]
C'est urgent!	Սա շտապ'ա է: [sa štap ē!]
C'est une urgence!	Սա շատ շտապ է: [sa šat štap ē!]
Dépêchez-vous, s'il vous plaît!	Արագացեք, խնդրո'ւմ եմ: [aragatsʰékʰ, χndrúm em!]
Appelez le docteur, s'il vous plaît.	Բժիշկ կանչեք, խնդրում եմ: [bʒiŝk kančékʰ, χndrum em]
Où est l'hôpital?	Ասացեք, որտե՞ղ է հիվանդանոց'ը: [asatsʰékʰ, vortéǵ e hivandanótsʰə?]

Comment vous sentez-vous?	Ինչպե՞ս եք ձեզ զգում: [inčpés ekʰ dzez zgum?]
Est-ce que ça va?	Ձեզ հետ ամեն ինչ կարգին՞ա է: [dzez hēt amén inč kargín ē?]
Qu'est-il arrivé?	Ի՞նչ է պատահել: [inč ē pátahél?]

Je me sens mieux maintenant.	**Ես արդեն ինձ լավ եմ զգում։** [es ardén indz lav em zgum]
Ça va. Tout va bien.	**Ամեն ինչ կարգին է։** [amén inč kargín ē]
Ça va.	**Ամեն ինչ լավ է։** [amén inč lav ē]

À la pharmacie

pharmacie	դեղատուն [degatún]
pharmacie 24 heures	շուրջօրյա դեղատուն [šurdžorjá degatún]
Où se trouve la pharmacie la plus proche?	Որտե՞ղ է մոտակա դեղատունը: [vortég ē motaká degatúnə?]
Est-elle ouverte en ce moment?	Այն հիմա բա՞ց է: [ajn hīma batsʰ ē?]
À quelle heure ouvre-t-elle?	Ժամը քանիսի՞ն է այն բացվում: [žámə kʰanisín ē ajn batsʰvúm?]
à quelle heure ferme-t-elle?	Մինչև ո՞րն ժամն է այն աշխատում: [minčév vor žamn ē ajn ašxatúm?]
C'est loin?	Դա հեռո՞ւ է: [da hērú ē?]
Est-ce que je peux y aller à pied?	Ես կհասնե՞մ այնտեղ ոտքով: [es khasném ajntég votkʰóv?]
Pouvez-vous me le montrer sur la carte?	Ցույց տվեք ինձ քարտեզի վրա, խնդրում եմ: [tsʰujtsʰ tvekʰ indz kartezí vra, xndrum em]
Pouvez-vous me donner quelque chose contre …	Տվեք ինձ ինչ-որ բան … համար: [tvekʰ indz ínč-vor ban … hamár]
le mal de tête	գլխացավի [glxatsʰaví]
la toux	հազի [hazí]
le rhume	մրսածության [mrsatsutʰján]
la grippe	հարբուխի [harbuxí]
la fièvre	ջերմության [džermútʰján]
un mal d'estomac	փորացավի [pʰoratsʰaví]
la nausée	սրտխառնոցի [srtxarnotsʰí]
la diarrhée	լուծի [lutsí]
la constipation	փորկապության [pʰorkapútʰján]

un mal de dos	մեջքի ցավ [medʒkʰí tsʰav]
les douleurs de poitrine	կրծքի ցավ [krtskʰí tsʰav]
les points de côté	կողացավ [kogatsʰáv]
les douleurs abdominales	փորացավ [pʰóratsʰáv]

une pilule	հաբ [hab]
un onguent, une crème	քսուք, կրեմ [kʰsukʰ, krem]
un sirop	օշարակ [ošarák]
un spray	սփրեյ [spʰrej]
les gouttes	կաթիլներ [katʰílnér]

Vous devez allez à l'hôpital.	Դուք պետք է հիվանդանոց գնաք։ [dukʰ petkʰ ē hivandanótsʰ gnakʰ]
assurance maladie	ապահովագրություն [apahovagrutʰjún]
prescription	դեղատոմս [degatóms]
produit anti-insecte	միջատների դեմ միջոց [midʒatnerí dem midʒótsʰ]
bandages adhésifs	լեյկոսպեղանի [lejkospegání]

Les essentiels

Excusez-moi, …	Ներեցեք, … [nerets^hék^h, …]
Bonjour	Բարև Ձեզ: [barév dzez]
Merci	Շնորհակալություն: [šnorhakalut^hjún]
Au revoir	Ցտեսություն: [ts^htesut^hjún]
Oui	Այո: [ajó]
Non	Ոչ: [voč]
Je ne sais pas.	Ես չգիտեմ: [es čgitém]
Où? (~ es-tu?) | Où? (~ vas-tu?) | Quand?	Ո՞րտեղ: | Ո՞ւր: | Ե՞րբ: [vórteg? | ur? | erb?]
J'ai besoin de …	Ինձ հարկավոր է … [indz harkavór e …]
Je veux …	Ես ուզում եմ … [es uzúm em …]
Avez-vous … ?	Դուք ունե՞ք …: [duk^h unék^h …?]
Est-ce qu'il y a … ici?	Այստեղ կա՞ …: [ajstég ka …?]
Puis-je … ?	Ես կարո՞ղ եմ …: [es karóg em …?]
s'il vous plaît (pour une demande)	Խնդրում եմ [xndrum em]
Je cherche …	Ես փնտրում եմ … [es p^hntrum em …]
les toilettes	զուգարան [zugarán]
un distributeur	բանկոմատ [bankomát]
une pharmacie	դեղատուն [degatún]
l'hôpital	հիվանդանոց [hivandanóts^h]
le commissariat de police	ոստիկանության բաժանմունք [vostikanut^hján bažanmúnk^h]
une station de métro	մետրո [metró]

un taxi	տաքսի [takʰsí]
la gare	կայարան [kajarán]

Je m'appelle ...	Իմ անունը ... է: [im anúnə ... ē]
Comment vous appelez-vous?	Ձեր անունն ի՞նչ է: [dzer anúnn inč ē?]
Aidez-moi, s'il vous plaît.	Օգնեցեք ինձ, խնդրեմ: [ogneʦʰékʰ indz, χndrem]
J'ai un problème.	Ես խնդիր ունեմ: [es χndir uném]
Je ne me sens pas bien.	Ես ինձ վատ եմ զգում: [es indz vat em zgum]
Appelez une ambulance!	Շտապ օգնություն'ն կանչեք: [štap ognutʰjún kančékʰ]
Puis-je faire un appel?	Կարո՞ղ եմ զանգահարել: [karóg em zangaharél?]

Excusez-moi.	Ներեցեք [nereʦʰékʰ]
Je vous en prie.	Խնդրեմ [χndrem]

je, moi	ես [es]
tu, toi	դու [du]
il	նա [na]
elle	նա [na]
ils	նրանք [nrankʰ]
elles	նրանք [nrankʰ]
nous	մենք [menkʰ]
vous	դուք [dukʰ]
Vous	Դուք [nrankʰ]

ENTRÉE	ՄՈՒՏՔ [mutkʰ]
SORTIE	ԵԼՔ [elkʰ]
HORS SERVICE | EN PANNE	ՉԻ ԱՇԽԱՏՈՒՄ [či ašχatúm]
FERMÉ	ՓԱԿ Է [pʰak ē]

OUVERT

ԲԱՑ Է
[batsʰ ē]

POUR LES FEMMES

ԿԱՆԱՆՑ ՀԱՄԱՐ
[kanántsʰ hamár]

POUR LES HOMMES

ՏՂԱՄԱՐԴԿԱՆՑ ՀԱՄԱՐ
[tġamardkántsʰ hamár]

DICTIONNAIRE CONCIS

Cette section contient plus
de 1500 mots les plus utilisés.
Le dictionnaire inclut beaucoup
de termes gastronomiques
et peut être utile lorsque
vous faites le marché
ou commandez des plats
au restaurant

T&P Books Publishing

CONTENU DU DICTIONNAIRE

T&P Books Publishing

temps (m)	ժամանակ	[ʒamanák]
heure (f)	ժամ	[ʒam]
demi-heure (f)	կես ժամ	[kes ʒam]
minute (f)	րոպե	[ropé]
seconde (f)	վայրկյան	[vajrkján]

aujourd'hui (adv)	այսոր	[ajsór]
demain (adv)	վաղը	[vágə]
hier (adv)	երեկ	[erék]

lundi (m)	երկուշաբթի	[erkušabtʰí]
mardi (m)	երեքշաբթի	[erekʰšabtʰí]
mercredi (m)	չորեքշաբթի	[čorekʰšabtʰí]
jeudi (m)	հինգշաբթի	[hingšabtʰí]
vendredi (m)	ուրբաթ	[urbátʰ]
samedi (m)	շաբաթ	[šabátʰ]
dimanche (m)	կիրակի	[kirakí]

jour (m)	օր	[or]
jour (m) ouvrable	աշխատանքային օր	[ašχatankʰajín or]
jour (m) férié	տոնական օր	[tonakán or]
week-end (m)	շաբաթ, կիրակի	[šabátʰ, kirakí]

semaine (f)	շաբաթ	[šabátʰ]
la semaine dernière	անցյալ շաբաթ	[antsʰjál šabátʰ]
la semaine prochaine	հաջորդ շաբաթ	[hadʒórt shabát]

lever (m) du soleil	արևածագ	[arevatság]
coucher (m) du soleil	մայրամուտ	[majramút]

le matin	առավոտյան	[aravotján]
dans l'après-midi	ճաշից հետո	[čašítsʰ hetó]
le soir	երեկոյան	[erekoján]
ce soir	այսոր երեկոյան	[ajsór erekoján]
la nuit	գիշերը	[gišérə]
minuit (f)	կեսգիշեր	[kesgišér]

janvier (m)	հունվար	[hunvár]
février (m)	փետրվար	[pʰetrvár]
mars (m)	մարտ	[mart]
avril (m)	ապրիլ	[apríl]
mai (m)	մայիս	[majís]
juin (m)	հունիս	[hunís]
juillet (m)	հուլիս	[hulís]
août (m)	օգոստոս	[ogostós]

septembre (m)	սեպտեմբեր	[septembér]
octobre (m)	հոկտեմբեր	[hoktembér]
novembre (m)	նոյեմբեր	[noembér]
décembre (m)	դեկտեմբեր	[dektembér]

au printemps	գարնանը	[garnánə]
en été	ամռանը	[amránə]
en automne	աշնանը	[ašnánə]
en hiver	ձմռանը	[dzmránə]

mois (m)	ամիս	[amís]
saison (f)	սեզոն	[sezón]
année (f)	տարի	[tarí]
siècle (m)	դար	[dar]

2. Nombres. Adjectifs numéraux

chiffre (m)	թիվ	[tʰiv]
nombre (m)	թիվ	[tʰiv]
moins (m)	մինուս	[mínus]
plus (m)	պլյուս	[pljus]
somme (f)	գումար	[gumár]

premier (adj)	առաջին	[aradʒín]
deuxième (adj)	երկրորդ	[erkrórd]
troisième (adj)	երրորդ	[errórd]

zéro	զրո	[zro]
un	մեկ	[mek]
deux	երկու	[erkú]
trois	երեք	[erékʰ]
quatre	չորս	[čors]

cinq	հինգ	[hing]
six	վեց	[vetsʰ]
sept	յոթ	[jotʰ]
huit	ութ	[utʰ]
neuf	ինը	[ínə]
dix	տաս	[tas]

onze	տասնմեկ	[tasnmék]
douze	տասներկու	[tasnerkú]
treize	տասներեք	[tasnerékʰ]
quatorze	տասնչորս	[tasnčórs]
quinze	տասնհինգ	[tasnhíng]

seize	տասնվեց	[tasnvétsʰ]
dix-sept	տասնյոթ	[tasnjótʰ]
dix-huit	տասնութ	[tasnútʰ]
dix-neuf	տասնինը	[tasnínə]

vingt	քսան	[kʰsan]
trente	երեսուն	[eresún]
quarante	քառասուն	[kʰarasún]
cinquante	հիսուն	[hisún]

soixante	վաթսուն	[vatʰsún]
soixante-dix	յոթանասուն	[jotʰanasún]
quatre-vingts	ութսուն	[utʰsún]
quatre-vingt-dix	իննսուն	[innsún]
cent	հարյուր	[harjúr]
deux cents	երկու հարյուր	[erkú harjúr]
trois cents	երեք հարյուր	[erékʰ harjúr]
quatre cents	չորս հարյուր	[čórs harjúr]
cinq cents	հինգ հարյուր	[hing harjúr]

six cents	վեց հարյուր	[vetsʰ harjúr]
sept cents	յոթ հարյուր	[jotʰ harjúr]
huit cents	ութ հարյուր	[utʰ harjúr]
neuf cents	ինը հարյուր	[ínə harjúr]
mille	հազար	[hazár]

dix mille	տաս հազար	[tas hazár]
cent mille	հարյուր հազար	[harjúr hazár]
million (m)	միլիոն	[milión]
milliard (m)	միլիարդ	[miliárd]

3. L'être humain. La famille

homme (m)	տղամարդ	[tġamárd]
jeune homme (m)	պատանի	[pataní]
adolescent (m)	դեռահաս	[derahás]
femme (f)	կին	[kin]
jeune fille (f)	օրիորդ	[oriórd]

âge (m)	տարիք	[taríkʰ]
adulte (m)	մեծահասակ	[metsahasák]
d'âge moyen (adj)	միջին տարիքի	[midʒín tarikʰí]
âgé (adj)	տարեց	[tarétsʰ]
vieux (adj)	ծեր	[tser]

vieillard (m)	ծերունի	[tseruní]
vieille femme (f)	պառավ	[paráv]
retraite (f)	թոշակ	[tʰošák]
prendre sa retraite	թոշակի գնալ	[tʰošakí gnál]
retraité (m)	թոշակառու	[tʰošakarú]

mère (f)	մայր	[majr]
père (m)	հայր	[hajr]
fils (m)	որդի	[vordí]
fille (f)	դուստր	[dustr]

| frère (m) | եղբայր | [eġbájr] |
| sœur (f) | քույր | [kʰujr] |

parents (m pl)	ծնողներ	[tsnoġnér]
enfant (m, f)	երեխա	[ereχá]
enfants (pl)	երեխաներ	[ereχanér]
belle-mère (f)	խորթ մայր	[χortʰ majr]
beau-père (m)	խորթ հայր	[χortʰ hajr]

grand-mère (f)	տատիկ	[tatík]
grand-père (m)	պապիկ	[papík]
petit-fils (m)	թոռ	[tʰor]
petite-fille (f)	թոռնուհի	[tʰornuhí]
petits-enfants (pl)	թոռներ	[tʰornér]

neveu (m)	քրոջորդի, քրոջ աղջիկ	[kʰrodʒordí], [kʰrodʒ aġdʒík]
nièce (f)	եղբորորդի, եղբոր աղջիկ	[eġborordí], [eġbór aġdʒík]
femme (f)	կին	[kin]
mari (m)	ամուսին	[amusín]
marié (adj)	ամուսնացած	[amusnatsʰáts]
mariée (adj)	ամուսնացած	[amusnatsʰáts]
veuve (f)	այրի կին	[ajrí kin]
veuf (m)	այրի տղամարդ	[ajrí tġamárd]

| prénom (m) | անուն | [anún] |
| nom (m) de famille | ազգանուն | [azganún] |

parent (m)	ազգական	[azgakán]
ami (m)	ընկեր	[ənkér]
amitié (f)	ընկերություն	[ənkerutʰjún]

partenaire (m)	գործընկեր	[gortsənkér]
supérieur (m)	պետ	[pet]
collègue (m, f)	գործընկեր	[gortsənkér]
voisins (m pl)	հարևաններ	[harevannér]

4. Le corps humain. L'anatomie

organisme (m)	օրգանիզմ	[organízm]
corps (m)	մարմին	[marmín]
cœur (m)	սիրտ	[sirt]
sang (m)	արյուն	[arjún]
cerveau (m)	ուղեղ	[uġéġ]
nerf (m)	ներվ	[nerv]

os (m)	ոսկոր	[voskór]
squelette (f)	կմախք	[kmaχkʰ]
colonne (f) vertébrale	ողնաշար	[voġnašár]
côte (f)	կողոսկր	[koġóskr]

crâne (m)	գանգ	[gang]
muscle (m)	մկան	[mkan]
poumons (m pl)	թոքեր	[tʰokʰér]
peau (f)	մաշկ	[mašk]

tête (f)	գլուխ	[gluχ]
visage (m)	երես	[erés]
nez (m)	քիթ	[kʰitʰ]
front (m)	ճակատ	[čakát]
joue (f)	այտ	[ajt]
bouche (f)	բերան	[berán]
langue (f)	լեզու	[lezú]
dent (f)	ատամ	[atám]
lèvres (f pl)	շրթունքներ	[šrtʰunkʰnér]
menton (m)	կզակ	[kzak]
oreille (f)	ականջ	[akándʒ]
cou (m)	պարանոց	[paranótsʰ]
gorge (f)	կոկորդ	[kokórd]

œil (m)	աչք	[ačkʰ]
pupille (f)	բիբ	[bib]
sourcil (m)	ունք	[unkʰ]
cil (m)	թարթիչ	[tʰartʰíč]
cheveux (m pl)	մազեր	[mazér]
coiffure (f)	սանրվածք	[sanrvátskʰ]
moustache (f)	բեղեր	[beǵér]
barbe (f)	մորուք	[morúkʰ]
porter (~ la barbe)	կրել	[krel]
chauve (adj)	ճաղատ	[čaǵát]

main (f)	դաստակ	[dasták]
bras (m)	թև	[tʰev]
doigt (m)	մատ	[mat]
ongle (m)	եղունգ	[eǵúng]
paume (f)	ափ	[apʰ]

épaule (f)	ուս	[us]
jambe (f)	ոտք	[votkʰ]
pied (m)	ոտնաթաթ	[votnatʰátʰ]
genou (m)	ծունկ	[tsunk]
talon (m)	կրունկ	[krunk]

dos (m)	մեջք	[medʒkʰ]
taille (f) (~ de guêpe)	գոտկատեղ	[gotkatéǵ]
grain (m) de beauté	խալ	[χal]

5. Les maladies. Les médicaments

santé (f)	առողջություն	[aroǵdʒutʰjún]
en bonne santé	առողջ	[aróǵdʒ]

maladie (f)	հիվանդություն	[hivandutʰjún]
être malade	հիվանդ լինել	[hivánd linél]
malade (adj)	հիվանդ	[hivánd]

refroidissement (m)	մրսածություն	[mrsatsutʰjún]
prendre froid	մրսել	[mrsel]
angine (f)	անգինա	[angína]
pneumonie (f)	թոքերի բորբոքում	[tʰokʰerí borbokʰúm]
grippe (f)	գրիպ	[grip]

rhume (m) (coryza)	հարբուխ	[harbúχ]
toux (f)	հազ	[haz]
tousser (vi)	հազալ	[hazál]
éternuer (vi)	փռշտալ	[pʰrštal]

insulte (f)	ուղեղի կաթված	[uǵeǵí katʰváts]
crise (f) cardiaque	ինֆարկտ	[infárkt]
allergie (f)	ալերգիա	[alergía]
asthme (m)	աստմա	[astʰmá]
diabète (m)	շաքարախտ	[šakʰaráχt]

tumeur (f)	ուռուցք	[urútsʰkʰ]
cancer (m)	քաղցկեղ	[kʰaǵtskéǵ]
alcoolisme (m)	հարբեցողություն	[harbetsʰoǵutʰjún]
SIDA (m)	ՁԻԱՀ	[dziáh]
fièvre (f)	տենդ	[tend]
mal (m) de mer	ծովային հիվանդություն	[tsovajín hivandutʰjún]

bleu (m)	կապտուկ	[kaptúk]
bosse (f)	ուռուցք	[urútsʰkʰ]
boiter (vi)	կաղալ	[kaǵál]
foulure (f)	հոդախախտում	[hodaχaχtúm]
se démettre (l'épaule, etc.)	հոդախախտել	[hodaχaχtél]

fracture (f)	կոտրվածք	[kotrvátskʰ]
brûlure (f)	այրվածք	[ajrvátskʰ]
blessure (f)	վնասվածք	[vnasvátskʰ]
douleur (f)	ցավ	[tsʰav]
mal (m) de dents	ատամնացավ	[atamnatsʰáv]

suer (vi)	քրտնել	[kʰrtnel]
sourd (adj)	խուլ	[χul]
muet (adj)	համր	[hamr]

immunité (f)	իմունիտետ	[imunitét]
virus (m)	վարակ	[varák]
microbe (m)	մանրէ	[manré]
bactérie (f)	բակտերիա	[baktéria]
infection (f)	վարակ	[varák]

hôpital (m)	հիվանդանոց	[hivandanótsʰ]
cure (f) (faire une ~)	կազդուրում	[kazdurúm]

vacciner (vt)	պատվաստում անել	[patvastúm anél]
être dans le coma	կոմայի մեջ գտնվել	[komají médʒ ənknél]
réanimation (f)	վերակենդանացում	[verakendanatsʰúm]
symptôme (m)	նախանշան	[naχanšán]
pouls (m)	զարկերակ	[zarkerák]

6. Les sensations. Les émotions. La communication

je	ես	[es]
tu	դու	[du]
il, elle, ça	նա	[na]

nous	մենք	[menkʰ]
vous	դուք	[dukʰ]
ils, elles	նրանք	[nrankʰ]
Bonjour! (fam.)	Բարև	[barév]
Bonjour! (form.)	Բարև ձեզ	[barév dzéz!]
Bonjour! (le matin)	Բարի լույս	[barí lújs!]
Bonjour! (après-midi)	Բարի օր	[barí ór!]
Bonsoir!	Բարի երեկո	[barí jerekó!]

dire bonjour	բարևել	[barevél]
saluer (vt)	ողջունել	[voǵdʒunél]
Comment ça va?	Ո՞նց ես գործերդ	[vontsʰ en gortsérd?]
Au revoir!	Ցտեսություն	[tsʰtesutʰjún!]
Merci!	Շնորհակալություն	[šnorhakalutʰjún!]

sentiments (m pl)	զգացմունքներ	[zgatsʰmunkʰnér]
avoir faim	ուզենալ ուտել	[uzenál utél]
avoir soif	ուզենալ խմել	[uzenál χmel]
fatigué (adj)	հոգնած	[hognáts]

s'inquiéter (vp)	անհանգստանալ	[anhangstanál]
s'énerver (vp)	նյարդայնանալ	[njardajnanál]
espoir (m)	հույս	[hujs]
espérer (vi)	հուսալ	[husál]

caractère (m)	բնավորություն	[bnavorutʰjún]
modeste (adj)	համեստ	[hamést]
paresseux (adj)	ծույլ	[tsujl]
généreux (adj)	ձեռնարատ	[dzernarát]
doué (adj)	տաղանդավոր	[taǵandavór]

honnête (adj)	ազնիվ	[aznív]
sérieux (adj)	լուրջ	[lurdʒ]
timide (adj)	երկչոտ	[erkčót]
sincère (adj)	անկեղծ	[ankéǵts]
peureux (m)	վախկոտ	[vaχkót]
dormir (vi)	քնել	[kʰnel]
rêve (m)	երազ	[eráz]

lit (m)	մահճակալ	[mahčakál]
oreiller (m)	բարձ	[bardz]

insomnie (f)	անքնություն	[ankʰnutʰjún]
aller se coucher	գնալ քնելու	[gnal kʰnelú]
cauchemar (m)	մղձավանջ	[mġdzavándʒ]
réveil (m)	զարթուցիչ	[zartʰutsʰíč]

sourire (m)	ժպիտ	[ʒpit]
sourire (vi)	ժպտալ	[ʒptal]
rire (vi)	ծիծաղել	[tsitsaġél]

dispute (f)	վեճ	[več]
insulte (f)	վիրավորանք	[viravoránkʰ]
offense (f)	վիրավորանք	[viravoránkʰ]
fâché (adj)	բարկացած	[barkatsʰáts]

7. Les vêtements. Les accessoires personnels

vêtement (m)	հագուստ	[hagúst]
manteau (m)	վերարկու	[verarkú]
manteau (m) de fourrure	մուշտակ	[mušták]
veste (f) (~ en cuir)	բաճկոն	[bačkón]
imperméable (m)	թիկնոց	[tʰiknótsʰ]
chemise (f)	վերնաշապիկ	[vernašapík]
pantalon (m)	տաբատ	[tabát]
veston (m)	պիջակ	[pidʒák]
complet (m)	կոստյում	[kostjúm]

robe (f)	զգեստ	[zgest]
jupe (f)	շրջազգեստ	[šrdʒazgést]
tee-shirt (m)	մարզաշապիկ	[marzašapík]
peignoir (m) de bain	խալաթ	[χalátʰ]
pyjama (m)	նեգլիժե	[nndʒazgést]
tenue (f) de travail	աշխատանքային համազգեստ	[ašχatankʰajín hamazgést]

sous-vêtements (m pl)	ներքնազգեստ	[nerkʰnazgést]
chaussettes (f pl)	կիսագուլպա	[kisagulpá]
soutien-gorge (m)	կրծկալ	[krtskʰákal]
collants (m pl)	զուգագուլպա	[zugagulpá]
bas (m pl)	գուլպաներ	[gulpanér]
maillot (m) de bain	լողազգեստ	[loġazgést]

chapeau (m)	գլխարկ	[glχark]
chaussures (f pl)	կոշիկ	[košík]
bottes (f pl)	երկարաճիտ կոշիկներ	[erkaračít košiknér]
talon (m)	կրունկ	[krunk]
lacet (m)	կոշկակապ	[koškakáp]
cirage (m)	կոշիկի քսուք	[košikí ksúkʰ]

coton (m)	բամբակ	[bambák]
laine (f)	բուրդ	[burd]
fourrure (f)	մորթի	[mortʰí]

gants (m pl)	ձեռնոցներ	[dzernotsʰnér]
moufles (f pl)	ձեռնոց	[dzernótsʰ]
écharpe (f)	շարֆ	[šarf]
lunettes (f pl)	ակնոց	[aknótsʰ]
parapluie (m)	հովանոց	[hovanótsʰ]

cravate (f)	փողկապ	[pʰoǵkáp]
mouchoir (m)	թաշկինակ	[tʰaškinák]
peigne (m)	սանր	[sanr]
brosse (f) à cheveux	մազերի խոզանակ	[mazerí χozanák]
boucle (f)	ճարմանդ	[čarmánd]
ceinture (f)	գոտի	[gotí]
sac (m) à main	կանացի պայուսակ	[kanatsʰí pajusák]

col (m)	օձիք	[odzíkʰ]
poche (f)	գրպան	[grpan]
manche (f)	թեվ	[tʰevkʰ]
braguette (f)	լայնույթ	[lajnújtʰ]

fermeture (f) à glissière	կայծակաճարմանդ	[kajtsaka čarmánd]
bouton (m)	կոճակ	[kočák]
se salir (vp)	կեղտոտվել	[keǵtotvél]
tache (f)	բիծ	[bits]

8. La ville. Les établissements publics

magasin (m)	խանութ	[χanútʰ]
centre (m) commercial	առևտրի կենտրոն	[arevtrí kentrón]
supermarché (m)	սուպերմարքեթ	[supermarkʰétʰ]
magasin (m) de chaussures	կոշիկի սրահ	[košikí sráh]
librairie (f)	գրախանութ	[graχanútʰ]

pharmacie (f)	դեղատուն	[deǵatún]
boulangerie (f)	հացաբուլկեղենի խանութ	[hatsʰʰabulkeǵení χanútʰ]
pâtisserie (f)	հրուշակեղենի խանութ	[hrušakeǵení χanútʰ]
épicerie (f)	նպարեղենի խանութ	[npareǵení χanútʰ]
boucherie (f)	մսի խանութ	[msi χanútʰ]
magasin (m) de légumes	բանջարեղենի կրպակ	[bandʒareǵení krpák]
marché (m)	շուկա	[šuká]

salon (m) de coiffure	վարսավիրանոց	[varsaviranótsʰ]
poste (f)	փոստ	[pʰost]
pressing (m)	քիմմաքրման կետ	[kʰimmakʰrmán két]
cirque (m)	կրկես	[krkes]
zoo (m)	կենդանաբանական այգի	[kendanabanakán ajgí]
théâtre (m)	թատրոն	[tʰatrón]

cinéma (m)	կինոթատրոն	[kinotʰatrón]
musée (m)	թանգարան	[tʰangarán]
bibliothèque (f)	գրադարան	[gradarán]

mosquée (f)	մզկիթ	[mzkitʰ]
synagogue (f)	սինագոգ	[sinagóg]
cathédrale (f)	տաճար	[tačár]
temple (m)	տաճար	[tačár]
église (f)	եկեղեցի	[ekeġetsʰí]

institut (m)	ինստիտուտ	[institút]
université (f)	համալսարան	[hamalsarán]
école (f)	դպրոց	[dprotsʰ]

hôtel (m)	հյուրանոց	[hjuranótsʰ]
banque (f)	բանկ	[bank]
ambassade (f)	դեսպանատուն	[despanatún]
agence (f) de voyages	տուրիստական գործակալություն	[turistakán gortsakalutʰjún]

métro (m)	մետրո	[metró]
hôpital (m)	հիվանդանոց	[hivandanótsʰ]
station-service (f)	բենզալցակայան	[benzaltsʰakaján]
parking (m)	ավտոկայան	[avtokaján]

ENTRÉE	ՄՈՒՏՔ	[mutkʰ]
SORTIE	ԵԼՔ	[elkʰ]
POUSSER	ԴԵՊԻ ԴՈՒՐՍ	[depí durs]
TIRER	ԴԵՊԻ ՆԵՐՍ	[dépi ners]
OUVERT	ԲԱՑ Է	[batsʰ ē]
FERMÉ	ՓԱԿ Է	[pʰak ē]

monument (m)	արձան	[ardzán]
forteresse (f)	ամրոց	[amrótsʰ]
palais (m)	պալատ	[palát]

médiéval (adj)	միջնադարյան	[midʒnadarján]
ancien (adj)	հինավուրց	[hinavúrtsʰ]
national (adj)	ազգային	[azgajín]
connu (adj)	հայտնի	[hajtní]

9. L'argent. Les finances

argent (m)	դրամ	[dram]
monnaie (f)	մետաղադրամ	[metaġadrám]
dollar (m)	դոլլար	[dollár]
euro (m)	եվրո	[évro]

distributeur (m)	բանկոմատ	[bankomát]
bureau (m) de change	փոխանակման կետ	[pʰoχanakmán két]

cours (m) de change	փոխարժեք	[pʰoχarʒékʰ]
espèces (f pl)	կանխիկ դրամ	[kanχík dram]
Combien?	Որքա՞ն արժե	[vorkʰán arʒé?]
payer (régler)	վճարել	[včarél]
paiement (m)	վճար	[včár]
monnaie (f) (rendre la ~)	մանր	[manr]

prix (m)	գին	[gin]
rabais (m)	զեղչ	[zeǵč]
bon marché (adj)	էժան	[ēʒán]
cher (adj)	թանկ	[tʰank]

banque (f)	բանկ	[bank]
compte (m)	հաշիվ	[hašív]
carte (f) de crédit	վարկային քարտ	[varkʰajín kʰárt]
chèque (m)	չեք	[čekʰ]
faire un chèque	չեք դուրս գրել	[čekʰ durs grel]
chéquier (m)	չեքային գրքույկ	[čekʰajín grkʰújk]

dette (f)	պարտք	[partkʰ]
débiteur (m)	պարտապան	[partapán]
prêter (vt)	պարտքով տալ	[partkʰóv tal]
emprunter (vt)	պարտքով վերցնել	[partkʰóv vertsʰnél]
louer (une voiture, etc.)	վարձել	[vardzél]
à crédit (adv)	վարկով	[varkóv]
portefeuille (m)	թղթապանակ	[tʰǵtʰapanák]
coffre fort (m)	չհրկիզվող պահարան	[čhrkizvóǵ paharán]
héritage (m)	ժառանգություն	[ʒarangutʰjún]
fortune (f)	ունեցվածք	[unetsʰvátskʰ]

impôt (m)	հարկ	[hark]
amende (f)	տուգանք	[tugánkʰ]
mettre une amende	տուգանել	[tuganél]

en gros (adj)	մեծածախ	[metsatsáχ]
au détail (adj)	մանրածախ	[manratsáχ]
assurer (vt)	ապահովագրել	[apahovagrél]
assurance (f)	ապահովագրություն	[apahovagrutʰjún]

capital (m)	կապիտալ	[kapitál]
chiffre (m) d'affaires	շրջանառություն	[šrdʒanarutʰjún]
action (f)	բաժնետոմս	[baʒnetóms]
profit (m)	շահույթ	[šahújtʰ]
profitable (adj)	շահավետ	[šahavét]

crise (f)	ճգնաժամ	[čǵnaʒám]
faillite (f)	սնանկություն	[snankutʰjún]
faire faillite	սնանկանալ	[snənkanál]

comptable (m)	հաշվապահ	[hašvapáh]
salaire (m)	աշխատավարձ	[ašχatavárdz]
prime (f)	պարգևավճար	[pargevavčár]

10. Les transports

autobus (m)	ավտոբուս	[avtobús]
tramway (m)	տրամվայ	[tramváj]
trolleybus (m)	տրոլեյբուս	[trolejbús]

prendre ...	... ով գնալ	[... ov gnal]
monter (dans l'autobus)	նստել	[nstel]
descendre de ...	իջնել	[idʒnél]

arrêt (m)	կանգառ	[kangár]
terminus (m)	վերջին կանգառ	[verdʒín kangár]
horaire (m)	ժամանակացույց	[ʒamanakatsʰújtsʰ]
ticket (m)	տոմս	[toms]
être en retard	ուշանալ	[ušanál]

taxi (m)	տաքսի	[taksí]
en taxi	տաքսիով	[taksióv]
arrêt (m) de taxi	տաքսիների կայան	[taksinerí kaján]

trafic (m)	ճանապարհային երթեվեկություն	[čanaparhajín ertʰevekutʰjún]
heures (f pl) de pointe	պիկ ժամ	[pík ʒám]
se garer (vp)	կանգնեցնել	[kangnetsʰnél]

métro (m)	մետրո	[metró]
station (f)	կայարան	[kajarán]
train (m)	գնացք	[gnatsʰkʰ]
gare (f)	կայարան	[kajarán]
rails (m pl)	գծեր	[gtser]
compartiment (m)	կուպե	[kupé]
couchette (f)	մահճակ	[mahčák]

avion (m)	ինքնաթիռ	[inkʰnatʰír]
billet (m) d'avion	ավիատոմս	[aviatóms]
compagnie (f) aérienne	ավիաընկերություն	[aviaənkerutʰjún]
aéroport (m)	օդանավակայան	[odanavakaján]

vol (m) (~ d'oiseau)	թռիչք	[tʰričkʰ]
bagage (m)	ուղեբեռ	[uɡebér]
chariot (m)	սայլակ	[sajlák]

bateau (m)	նավ	[nav]
bateau (m) de croisière	լայներ	[lájner]
yacht (m)	զբոսանավ	[zbosanáv]
canot (m) à rames	նավակ	[navák]

capitaine (m)	նավապետ	[navapét]
cabine (f)	նավասենյակ	[navasenják]
port (m)	նավահանգիստ	[navahangíst]
vélo (m)	հեծանիվ	[hetsaní̇v]

scooter (m)	մոտոռոլլեր	[motoróller]
moto (f)	մոտոցիկլ	[motoʦʰíkl]
pédale (f)	ոտնակ	[votnák]
pompe (f)	պոմպ	[pomp]
roue (f)	անիվ	[aní v]

automobile (f)	ավտոմեքենա	[avtomekʰená]
ambulance (f)	շտապ օգնություն	[štáp ognutʰjún]
camion (m)	բեռնատար	[bernatár]
d'occasion (adj)	օգտագործված	[ogtagorʦváʦ]
accident (m) de voiture	վթար	[vtʰar]
réparation (f)	նորոգում	[norogúm]

11. Les produits alimentaires. Partie 1

viande (f)	միս	[mis]
poulet (m)	հավ	[hav]
canard (m)	բադ	[bad]

du porc	խոզի միս	[χozí mis]
du veau	հորթի միս	[hortʰí mís]
du mouton	ոչխարի միս	[vočχarí mis]
du bœuf	տավարի միս	[tavarí mis]

saucisson (m)	երշիկ	[eršík]
œuf (m)	ձու	[dzu]
poisson (m)	ձուկ	[dzuk]
fromage (m)	պանիր	[panír]
sucre (m)	շաքար	[šakʰár]
sel (m)	աղ	[aġ]

riz (m)	բրինձ	[brindz]
pâtes (m pl)	մակարոն	[makarón]
beurre (m)	երկրագային կարագ	[seruʦʰkʰajín karág]
huile (f) végétale	բուսական յուղ	[busakán júġ]
pain (m)	հաց	[haʦʰ]
chocolat (m)	շոկոլադ	[šokolád]

vin (m)	գինի	[giní]
café (m)	սուրճ	[surč]
lait (m)	կաթ	[katʰ]
jus (m)	հյութ	[hjutʰ]
bière (f)	գարեջուր	[garedzúr]
thé (m)	թեյ	[tʰej]

tomate (f)	լոլիկ	[lolík]
concombre (m)	վարունգ	[varúng]
carotte (f)	գազար	[gazár]
pomme (f) de terre	կարտոֆիլ	[kartofíl]
oignon (m)	սոխ	[soχ]

ail (m)	սխտոր	[sxtor]
chou (m)	կաղամբ	[kaġámb]
betterave (f)	բազուկ	[bazúk]
aubergine (f)	սմբուկ	[smbuk]
fenouil (m)	սամիթ	[samít ͪ]
laitue (f) (salade)	սալաթ	[salát ͪ]
maïs (m)	եգիպտացորեն	[egiptatsʰorén]

fruit (m)	միրգ	[mirg]
pomme (f)	խնձոր	[xndzor]
poire (f)	տանձ	[tandz]
citron (m)	կիտրոն	[kitrón]
orange (f)	նարինջ	[naríndʒ]
fraise (f)	ելակ	[elák]

prune (f)	սալոր	[salór]
framboise (f)	մորի	[morí]
ananas (m)	արքայախնձոր	[arkʰajaxndzór]
banane (f)	բանան	[banán]
pastèque (f)	ձմերուկ	[dzmerúk]
raisin (m)	խաղող	[xaġóg]
melon (m)	սեխ	[sex]

12. Les produits alimentaires. Partie 2

cuisine (f)	խոհանոց	[xohanótsʰ]
recette (f)	բաղադրատոմս	[baġadratóms]
nourriture (f)	կերակուր	[kerakúr]

prendre le petit déjeuner	նախաճաշել	[naxačašél]
déjeuner (vi)	ճաշել	[čašél]
dîner (vi)	ընթրել	[əntʰrél]

goût (m)	համ	[ham]
bon (savoureux)	համեղ	[haméġ]
froid (adj)	սառը	[sárə]
chaud (adj)	տաք	[takʰ]
sucré (adj)	քաղցր	[kʰaġtsʰr]
salé (adj)	աղի	[aġí]

sandwich (m)	բրդուճ	[brduč]
garniture (f)	գառնիր	[garnír]
garniture (f)	լցոն	[ltsʰon]
sauce (f)	սոուս	[soús]
morceau (m)	կտոր	[ktor]

régime (m)	սննդակարգ	[snndakárg]
vitamine (f)	վիտամին	[vitamín]
calorie (f)	կալորիա	[kalória]
végétarien (m)	բուսակեր	[busakér]

restaurant (m)	ռեստորան	[restorán]
salon (m) de café	սրճարան	[srčarán]
appétit (m)	ախորժակ	[axorʒák]
Bon appétit!	Բարի ախորժա՛կ	[barí axorʒák]

serveur (m)	մատուցող	[matuʦʰóg̣]
serveuse (f)	մատուցողուհի	[matuʦʰog̣uhí]
barman (m)	բարմեն	[barmén]
carte (f)	մենյու	[menjú]

cuillère (f)	գդալ	[gdal]
couteau (m)	դանակ	[danák]
fourchette (f)	պատառաքաղ	[patarakʰág̣]
tasse (f)	բաժակ	[baʒák]

assiette (f)	ափսե	[apʰsé]
soucoupe (f)	պնակ	[pnak]
serviette (f)	անձեռոցիկ	[andzeroʦʰík]
cure-dent (m)	ատամնափորիչ	[atamnapʰoríč]

commander (vt)	պատվիրել	[patvirél]
plat (m)	ճաշատեսակ	[čašatesák]
portion (f)	բաժին	[baʒín]
hors-d'œuvre (m)	խորտիկ	[xortík]
salade (f)	աղցան	[ag̣ʦʰán]
soupe (f)	ապուր	[apúr]

dessert (m)	աղանդեր	[ag̣andér]
confiture (f)	մուրաբա	[murabá]
glace (f)	պաղպաղակ	[pag̣pag̣ák]
addition (f)	հաշիվ	[hašív]
régler l'addition	հաշիվը փակել	[hašívə pʰakél]
pourboire (m)	թեյավճար	[tʰejapʰóg̣]

13. La maison. L'appartement. Partie 1

maison (f)	տուն	[tun]
maison (f) de campagne	քաղաքից դուրս տուն	[kʰag̣akíʦʰ durs tun]
villa (f)	վիլլա	[vílla]

étage (m)	հարկ	[hark]
entrée (f)	մուտք	[mutkʰ]
mur (m)	պատ	[pat]
toit (m)	տանիք	[taníkʰ]
cheminée (f)	խողովակ	[xog̣ovák]

grenier (m)	ձեղնահարկ	[dzeg̣nahárk]
fenêtre (f)	պատուհան	[patuhán]
rebord (m)	պատուհանագոգ	[patuhanagóg]
balcon (m)	պատշգամբ	[patšgámb]

escalier (m)	աստիճան	[astičán]
boîte (f) à lettres	փոստարկղ	[pʰostárkġ]
poubelle (f) d'extérieur	աղբարկղ	[aġbárkġ]
ascenseur (m)	վերելակ	[verelák]

électricité (f)	էլեկտրականություն	[ēlektrakanutʰjún]
ampoule (f)	լամպ	[lamp]
interrupteur (m)	անջատիչ	[andʒatíč]
prise (f)	վարդակ	[vardák]
fusible (m)	ապահովիչ	[apahovíč]

porte (f)	դուռ	[dur]
poignée (f)	բռնակ	[brnak]
clé (f)	բանալի	[banalí]
paillasson (m)	փոքր գորգ	[pʰokʰr gorg]
serrure (f)	փական	[pʰakán]
sonnette (f)	զանգ	[zang]
coups (m pl) à la porte	թակոց	[tʰakóʦʰ]
frapper (~ à la porte)	թակել	[tʰakél]
judas (m)	դիտանցք	[ditánʦʰkʰ]

cour (f)	բակ	[bak]
jardin (m)	այգի	[ajgí]
piscine (f)	լողավազան	[loġavazán]
salle (f) de gym	սպորտային դահլիճ	[sportajín dahlíč]
court (m) de tennis	թենիսի հարթակ	[tʰenisí harták]
garage (m)	ավտոտնակ	[avtotnák]

propriété (f) privée	մասնավոր սեփականություն	[masnavór sepʰakanutʰjún]
panneau d'avertissement	զգուշացնող գրություն	[zgušaʦʰnóg grutʰjún]
sécurité (f)	պահակություն	[pahakutʰjún]
agent (m) de sécurité	պահակ	[pahák]

rénovation (f)	վերանորոգում	[veranorogúm]
faire la rénovation	վերանորոգում անել	[veranorogúm anél]
remettre en ordre	կարգի բերել	[kargí berél]
peindre (des murs)	ներկել	[nerkél]
papier (m) peint	պաստառ	[pastár]

vernir (vt)	լաքապատել	[lakʰapatél]
tuyau (m)	խողովակ	[xoġovák]
outils (m pl)	գործիքներ	[gorʦikʰnér]
sous-sol (m)	նկուղ	[nkuġ]
égouts (m pl)	կոյուղի	[kojuġí]

14. La maison. L'appartement. Partie 2

| appartement (m) | բնակարան | [bnakarán] |
| chambre (f) | սենյակ | [senják] |

chambre (f) à coucher	ննջարան	[nndžarán]
salle (f) à manger	ճաշասենյակ	[čašasenják]

salon (m)	հյուրասենյակ	[hjurasenják]
bureau (m)	աշխատասենյակ	[ašxatasenják]
antichambre (f)	նախասենյակ	[naxasenják]
salle (f) de bains	լոգարան	[logarán]
toilettes (f pl)	զուգարան	[zugarán]

plancher (m)	հատակ	[haták]
plafond (m)	առաստաղ	[arastáġ]

essuyer la poussière	փոշին սրբել	[pʰošín srbél]
aspirateur (m)	փոշեկուլ	[pʰošekúl]
passer l'aspirateur	փոշեկուլով մաքրել	[pʰošekulóv makʰrél]

balai (m) à franges	շվաբր	[švabr]
torchon (m)	շնչոց	[džndžotsʰ]
balayette (f) de sorgho	ավել	[avél]
pelle (f) à ordures	աղբական	[aġbakál]
meubles (m pl)	կահույք	[kahújkʰ]
table (f)	սեղան	[seġán]
chaise (f)	աթոռ	[atʰór]
fauteuil (m)	բազկաթոռ	[bazkatʰór]

bibliothèque (f) (meuble)	գրապահարան	[grapaharán]
rayon (m)	դարակ	[darák]
armoire (f)	պահարան	[paharán]

miroir (m)	հայելի	[hajelí]
tapis (m)	գորգ	[gorg]
cheminée (f)	բուխարի	[buxarí]
rideaux (m pl)	վարագույր	[varagújr]
lampe (f) de table	սեղանի լամպ	[seġaní lámp]
lustre (m)	ջահ	[džah]

cuisine (f)	խոհանոց	[xohanótsʰ]
cuisinière (f) à gaz	գազօջախ	[gazodžáx]
cuisinière (f) électrique	էլեկտրական սալօջախ	[ēlektrakán salodžáx]
four (m) micro-ondes	միկրոալիքային վառարան	[mikroalikʰajín vararán]

réfrigérateur (m)	սառնարան	[sarnarán]
congélateur (m)	սառնախցիկ	[sarnaxtsʰík]
lave-vaisselle (m)	աման լվացող մեքենա	[amán lvatsʰóġ mekʰená]
robinet (m)	ծորակ	[tsorák]

hachoir (m) à viande	մսաղաց	[msaġátsʰ]
centrifugeuse (f)	հյութաբամիչ	[hjutʰakʰamíč]
grille-pain (m)	տոստեր	[tostér]
batteur (m)	հարիչ	[haríč]
machine (f) à café	սրճեփ	[srčepʰ]

bouilloire (f)	թեյնիկ	[thejník]
théière (f)	թեյաման	[thejamán]

téléviseur (m)	հեռուստացույց	[herustatshújtsh]
magnétoscope (m)	տեսամագնիտոֆոն	[tesamagnitofón]
fer (m) à repasser	արդուկ	[ardúk]
téléphone (m)	հեռախոս	[heraχós]

15. Les occupations. Le statut social

directeur (m)	տնօրեն	[tnorén]
supérieur (m)	պետ	[pet]
président (m)	նախագահ	[naχagáh]
assistant (m)	օգնական	[ognakán]
secrétaire (m, f)	քարտուղար	[khartuǧár]

propriétaire (m)	սեփականատեր	[sephakanatér]
partenaire (m)	գործընկեր	[gortsənkér]
actionnaire (m)	բաժնետեր	[baʒnetér]

homme (m) d'affaires	գործարար	[gortsarár]
millionnaire (m)	միլիոնատեր	[milionatér]
milliardaire (m)	միլիարդեր	[miliardatér]

acteur (m)	դերասան	[derasán]
architecte (m)	ճարտարապետ	[čartarapét]
banquier (m)	բանկատեր	[bankatér]
courtier (m)	բրոկեր	[bróker]
vétérinaire (m)	անասնաբույժ	[anasnabújʒ]
médecin (m)	բժիշկ	[bʒišk]
femme (f) de chambre	սպասավորուհի	[spasavoruhí]
designer (m)	դիզայներ	[dizajnér]
correspondant (m)	թղթակից	[thǧthakítsh]
livreur (m)	առաքիչ	[arakhíč]

électricien (m)	մոնտյոր	[montjor]
musicien (m)	երաժիշտ	[eraʒíšt]
baby-sitter (m, f)	դայակ	[daják]
coiffeur (m)	վարսահարդար	[varsahardár]
berger (m)	հովիվ	[hovív]

chanteur (m)	երգիչ	[ergíč]
traducteur (m)	թարգմանիչ	[thargmaníč]
écrivain (m)	գրող	[groǧ]
charpentier (m)	ատաղձագործ	[ataǧdzagórts]
cuisinier (m)	խոհարար	[χoharár]

pompier (m)	հրշեջ	[hršeʤ]
policier (m)	ոստիկան	[vostikán]
facteur (m)	փոստատար	[phostatár]

| programmeur (m) | ծրագրավորող | [tsragravoróģ] |
| vendeur (m) | վաճառող | [vačaróģ] |

ouvrier (m)	բանվոր	[banvór]
jardinier (m)	այգեպան	[ajgepán]
plombier (m)	սանտեխնիկ	[santeχník]
stomatologue (m)	ատամնաբույժ	[atamnabújʒ]
hôtesse (f) de l'air	ուղեկցորդուհի	[uǵektsʰorduhí]

danseur (m)	պարող	[paróģ]
garde (m) du corps	թիկնապահ	[tʰiknapáh]
savant (m)	գիտնական	[gitnakán]
professeur (m)	ուսուցիչ	[usutsʰíč]

fermier (m)	ֆերմեր	[fermér]
chirurgien (m)	վիրաբույժ	[virabújʒ]
mineur (m)	հանքափոր	[hankʰapʰór]
cuisinier (m) en chef	շեֆ-խոհարար	[šéf χoharár]
chauffeur (m)	վարորդ	[varórd]

16. Le sport

type (m) de sport	մարզաձև	[marzaʒév]
football (m)	ֆուտբոլ	[futból]
hockey (m)	հոկեյ	[hokéj]
basket-ball (m)	բասկետբոլ	[basketból]
base-ball (m)	բեյսբոլ	[bejsból]

volley-ball (m)	վոլեյբոլ	[volejból]
boxe (f)	բռնցքամարտ	[brntsʰkʰamárt]
lutte (f)	ըմբշամարտ	[əmbšamárt]
tennis (m)	թենիս	[tʰenís]
natation (f)	լող	[loģ]

échecs (m pl)	շախմատ	[šaχmát]
course (f)	մրցավազք	[mrtsʰavázkʰ]
athlétisme (m)	թեթև ատլետիկա	[tʰetʰév atlétika]
patinage (m) artistique	գեղասահք	[geǵasáhkʰ]
cyclisme (m)	հեծանվասպորտ	[hetsanvaspórt]

billard (m)	բիլյարդ	[biljárd]
bodybuilding (m)	բոդիբիլդինգ	[bodibílding]
golf (m)	գոլֆ	[golf]
plongée (f)	դայվինգ	[dájving]
voile (f)	առագաստանավային սպորտ	[aragastanavajín sport]

| tir (m) à l'arc | նետաձգություն | [netaʒgutʰjún] |

| mi-temps (f) | խաղակես | [χaģakés] |
| mi-temps (f) (pause) | ընդմիջում | [əndmiʒúm] |

| match (m) nul | ոչ ոքի | [voč vokʰí] |
| faire match nul | ոչ ոքի խաղալ | [voč vokʰí χaġál] |

tapis (m) roulant	վազքուղի	[vazkʰuġí]
joueur (m)	խաղացող	[χaġatsʰóġ]
remplaçant (m)	պահեստային խաղացող	[pahestajín χaġatsʰóġ]
banc (m) des remplaçants	պահեստայինների նստարան	[pahestajinnerí nstarán]

match (m)	հանդիպում	[handipúm]
but (m)	դարպաս	[darpás]
gardien (m) de but	դարպասապահ	[darpasapáh]
but (m)	գոլ	[gol]

Jeux (m pl) olympiques	օլիմպիական խաղեր	[olimpiakán χaġér]
établir un record	սահմանել ռեկորդ	[sahmanél rekórd]
finale (f)	ավարտ	[avárt]
champion (m)	չեմպյոն	[čempión]
championnat (m)	առաջնություն	[aradʒnutʰjún]

gagnant (m)	հաղթող	[haġtʰóġ]
victoire (f)	հաղթանակ	[haġtʰanák]
gagner (vi)	հաղթել	[haġtʰél]
perdre (vi)	պարտվել	[partvél]
médaille (f)	մեդալ	[medál]

première place (f)	առաջին տեղ	[aradʒín téġ]
deuxième place (f)	երկրորդ տեղ	[erkrórd teġ]
troisième place (f)	երրորդ տեղ	[errórd teġ]

stade (m)	մարզադաշտ	[marzadášt]
supporteur (m)	մարզասեր	[marzasér]
entraîneur (m)	մարզիչ	[marzíč]
entraînement (m)	մարզում	[marzúm]

17. Les langues étrangères. L'orthographe

langue (f)	լեզու	[lezú]
étudier (vt)	ուսումնասիրել	[usumnasirél]
prononciation (f)	արտասանություն	[artasanutʰjún]
accent (m)	ակցենտ	[aktsʰént]

nom (m)	գոյական	[gojakán]
adjectif (m)	ածական	[atsakán]
verbe (m)	բայ	[baj]
adverbe (m)	մակբայ	[makbáj]

pronom (m)	դերանուն	[deranún]
interjection (f)	ձայնարկություն	[dzajnarkutʰjún]
préposition (f)	նախդիր	[naχdír]

racine (f)	արմատ	[armát]
terminaison (f)	վերջավորություն	[verdʒavorutʰjún]
préfixe (m)	նախածանց	[naχatsántsʰ]
syllabe (f)	վանկ	[vank]
suffixe (m)	վերջածանց	[verdʒatsántsʰ]

accent (m) tonique	շեշտ	[šešt]
point (m)	վերջակետ	[verdʒakét]
virgule (f)	ստորակետ	[storakét]
deux-points (m)	բութ	[butʰ]
points (m pl) de suspension	բազմակետ	[bazmakét]

question (f)	հարց	[hartsʰ]
point (m) d'interrogation	հարցական նշան	[hartsʰakán nšan]
point (m) d'exclamation	բացականչական նշան	[batsʰakančakán nšán]

| entre guillemets | չակերտների մեջ | [čakertserí médʒ] |
| entre parenthèses | փակագծերի մեջ | [pʰakagtserí medʒ] |

| lettre (f) | տառ | [tar] |
| majuscule (f) | մեծատառ | [metsatár] |

proposition (f)	նախադասություն	[naχadasutʰjún]
groupe (m) de mots	բառակապակցություն	[barakapaktsʰutʰjún]
expression (f)	արտահայտություն	[artahajtutʰjún]

| sujet (m) | ենթակա | [entʰaká] |
| prédicat (m) | ստորոգյալ | [storogjál] |

| ligne (f) | տող | [toɣ] |
| paragraphe (m) | պարբերություն | [parberutʰjún] |

| synonyme (m) | հոմանիշ | [homaníš] |
| antonyme (m) | հականիշ | [hakaníš] |

| exception (f) | բացառություն | [batsʰarutʰjún] |
| souligner (vt) | ընդգծել | [əndgtsél] |

règles (f pl)	կանոն	[kanón]
grammaire (f)	քերականություն	[kʰerakanutʰjún]
vocabulaire (m)	բառագիտություն	[baragitutʰjún]

| phonétique (f) | հնչյունաբանություն | [hnčjunabanutʰjún] |
| alphabet (m) | այբուբեն | [ajbubén] |

manuel (m)	դասագիրք	[dasagírkʰ]
dictionnaire (m)	բառարան	[bararán]
guide (m) de conversation	զրուցարան	[zrutsʰarán]

mot (m)	բառ	[bar]
sens (m)	իմաստ	[imást]
mémoire (f)	հիշողություն	[hišoɣutʰjún]

18. La Terre. La géographie

Terre (f)	Երկիր	[erkír]
globe (m) terrestre	երկրագունդ	[erkragúnd]
planète (f)	մոլորակ	[molorák]

géographie (f)	աշխարհագրություն	[ašχarhagrutʰjún]
nature (f)	բնություն	[bnutʰjún]
carte (f)	քարտեզ	[kʰartéz]
atlas (m)	ատլաս	[atlás]

au nord	հյուսիսում	[hjusisúm]
au sud	հարավում	[haravúm]
à l'occident	արևմutkում	[arevmutkʰúm]
à l'orient	արևelkում	[arevelkʰúm]

mer (f)	ծով	[tsov]
océan (m)	ovկիանոս	[ovkianós]
golfe (m)	ծոց	[tsotsʰ]
détroit (m)	նեղուց	[neġútsʰ]

continent (m)	մայրցամաք	[majrtsʰamákʰ]
île (f)	կղզի	[kġzi]
presqu'île (f)	թերակղզի	[tʰerakġzí]
archipel (m)	արշիպելագ	[aršipelág]

port (m)	նավահանգիստ	[navahangíst]
récif (m) de corail	մարջանախութ	[mardʒanaχútʰ]
littoral (m)	ափ	[apʰ]
côte (f)	ծովափ	[tsovápʰ]

| marée (f) haute | մակընթացություն | [makəntʰatsʰutʰjún] |
| marée (f) basse | տեղատվություն | [teġatvutʰjún] |

latitude (f)	լայնություն	[lajnutʰjún]
longitude (f)	երկարություն	[erkarutʰjún]
parallèle (f)	զուգահեռական	[zugaherakán]
équateur (m)	հասարակած	[hasarakáts]

ciel (m)	երկինք	[erkínkʰ]
horizon (m)	հորիզոն	[horizón]
atmosphère (f)	մթնոլորտ	[mtʰnolórt]

montagne (f)	լեռ	[ler]
sommet (m)	գագաթ	[gagátʰ]
rocher (m)	ժայռ	[ʒajr]
colline (f)	բլուր	[blur]

volcan (m)	հրաբուխ	[hrabúχ]
glacier (m)	սառցադաշt	[sartsʰadášt]
chute (f) d'eau	ջրվեժ	[dʒrveʒ]

plaine (f)	հարթավայր	[hartʰavájr]
rivière (f), fleuve (m)	գետ	[get]
source (f)	աղբյուր	[aġbjúr]
rive (f)	ափ	[apʰ]
en aval	հոսանքն ի վայր	[hosánkʰn í vájr]
en amont	հոսանքն ի վեր	[hosánkʰn í vér]

lac (m)	լիճ	[lič]
barrage (m)	ամբարտակ	[ambarták]
canal (m)	ջրանցք	[dʒrántsʰkʰ]
marais (m)	ճահիճ	[čahíč]
glace (f)	սառույց	[sarújtsʰ]

19. Les pays du monde. Partie 1

Europe (f)	Եվրոպա	[evrópa]
Union (f) européenne	Եվրոմիություն	[evromiutʰjún]
européen (m)	եվրոպացի	[evropatsʰí]
européen (adj)	եվրոպական	[evropakán]

Autriche (f)	Ավստրիա	[avstria]
Grande-Bretagne (f)	Մեծ Բրիտանիա	[mets británia]
Angleterre (f)	Անգլիա	[ánglia]
Belgique (f)	Բելգիա	[bélgia]
Allemagne (f)	Գերմանիա	[germánia]

Pays-Bas (m)	Նիդերլանդներ	[niderlandnér]
Hollande (f)	Հոլանդիա	[holándia]
Grèce (f)	Հունաստան	[hunastán]
Danemark (m)	Դանիա	[dánia]
Irlande (f)	Իռլանդիա	[irlándia]

Islande (f)	Իսլանդիա	[islándia]
Espagne (f)	Իսպանիա	[ispánia]
Italie (f)	Իտալիա	[itália]
Chypre (m)	Կիպրոս	[kiprós]
Malte (f)	Մալթա	[máltʰa]

Norvège (f)	Նորվեգիա	[norvégia]
Portugal (m)	Պորտուգալիա	[portugália]
Finlande (f)	Ֆինլանդիա	[finlándia]
France (f)	Ֆրանսիա	[fránsia]
Suède (f)	Շվեդիա	[švédia]

Suisse (f)	Շվեյցարիա	[švejtsʰária]
Écosse (f)	Շոտլանդիա	[šotlándia]
Vatican (m)	Վատիկան	[vatikán]
Liechtenstein (m)	Լիխտենշտայն	[lixtenštájn]
Luxembourg (m)	Լյուքսեմբուրգ	[ljukʰsembúrg]
Monaco (m)	Մոնակո	[monáko]

Albanie (f)	Ալբանիա	[albánia]
Bulgarie (f)	Բուլղարիա	[bulgária]
Hongrie (f)	Վենգրիա	[véngria]
Lettonie (f)	Լատվիա	[látvia]

Lituanie (f)	Լիտվա	[litvá]
Pologne (f)	Լեհաստան	[lehastán]
Roumanie (f)	Ռումինիա	[rumínia]
Serbie (f)	Սերբիա	[sérbia]
Slovaquie (f)	Սլովակիա	[slovákia]

Croatie (f)	Խորվատիա	[χorvátia]
République (f) Tchèque	Չեխիա	[čéχia]
Estonie (f)	Էստոնիա	[ēstónia]
Bosnie (f)	Բոսնիա և Հերցեգովինա	[bósnia év hertsʰegovína]
Macédoine (f)	Մակեդոնիա	[makedónia]

Slovénie (f)	Սլովենիա	[slovénia]
Monténégro (m)	Չեռնոգորիա	[černogória]
Biélorussie (f)	Բելառուս	[belarús]
Moldavie (f)	Մոլդովա	[moldóva]
Russie (f)	Ռուսաստան	[rusastán]
Ukraine (f)	Ուկրաինա	[ukraína]

20. Les pays du monde. Partie 2

Asie (f)	Ասիա	[ásia]
Vietnam (m)	Վիետնամ	[vjetnám]
Inde (f)	Հնդկաստան	[hndkastán]
Israël (m)	Իսրայել	[israjél]
Chine (f)	Չինաստան	[činastán]

Liban (m)	Լիբանան	[libanán]
Mongolie (f)	Մոնղոլիա	[mongólia]
Malaisie (f)	Մալայզիա	[malájzia]
Pakistan (m)	Պակիստան	[pakistán]
Arabie (f) Saoudite	Սաուդյան Արաբիա	[saudján arábia]

Thaïlande (f)	Թաիլանդ	[tʰailánd]
Taïwan (m)	Թայվան	[tʰajván]
Turquie (f)	Թուրքիա	[tʰúrkʰia]
Japon (m)	Ճապոնիա	[čapónia]
Afghanistan (m)	Աֆղանստան	[afġanstán]

Bangladesh (m)	Բանգլադեշ	[bangladéš]
Indonésie (f)	Ինդոնեզի	[indonézia]
Jordanie (f)	Հորդանան	[hordanán]
Iraq (m)	Իրաք	[irákʰ]
Iran (m)	Պարսկաստան	[parskastán]
Cambodge (m)	Կամպուչիա	[kampučía]

Koweït (m)	Քուվեյթ	[kʰuvéjtʰ]
Laos (m)	Լաոս	[laós]
Myanmar (m)	Մյանմար	[mjanmár]
Népal (m)	Նեպալ	[nepál]

Fédération (f) des Émirats Arabes Unis	Միավորված Արաբական Էմիրություններ	[miavorváts arabakán ēmirutʰjunnér]
Syrie (f)	Սիրիա	[síria]
Palestine (f)	Պաղեստինյան ինքնավարություն	[paǵestinján inkʰnavarutʰjún]
Corée (f) du Sud	Հարավային Կորեա	[haravajín koréa]
Corée (f) du Nord	Հյուսիսային Կորեա	[hjusisajín koréa]

Les États Unis	Ամերիկայի Միացյալ Նահանգներ	[amerikají miatsʰjál nahangnér]
Canada (m)	Կանադա	[kanáda]
Mexique (m)	Մեքսիկա	[mékʰsika]
Argentine (f)	Արգենտինա	[argentína]
Brésil (m)	Բրազիլիա	[brazília]

Colombie (f)	Կոլումբիա	[kolúmbia]
Cuba (f)	Կուբա	[kúba]
Chili (m)	Չիլի	[číli]
Venezuela (f)	Վենեսուելա	[venesuéla]
Équateur (m)	Էկվադոր	[ēkvadór]

Bahamas (f pl)	Բահամյան կղզիներ	[bahamján kǵzinér]
Panamá (m)	Պանամա	[panáma]
Égypte (f)	Եգիպտոս	[egiptós]
Maroc (m)	Մարոկկո	[marókko]
Tunisie (f)	Թունիս	[tʰunís]

Kenya (m)	Քենիա	[kʰénia]
Libye (f)	Լիբիա	[líbia]
République (f) Sud-africaine	Հարավ-Աֆրիկյան հանրապետություն	[haráv afrikján hanrapetutʰjún]
Australie (f)	Ավստրալիա	[avstrália]
Nouvelle Zélande (f)	Նոր Զելանդիա	[nor zelándia]

21. Le temps. Les catastrophes naturelles

temps (m)	եղանակ	[eǵanák]
météo (f)	եղանակի տեսություն	[eǵanakí tesutʰjún]
température (f)	ջերմաստիճան	[dʒermastičán]
thermomètre (m)	ջերմաչափ	[dʒermačápʰ]
baromètre (m)	ծանրաչափ	[tsanračápʰ]

soleil (m)	արև	[arév]
briller (soleil)	շողալ	[šoǵál]
ensoleillé (jour ~)	արևային	[arevajín]

| se lever (vp) | ծագել | [tsagél] |
| se coucher (vp) | մայր մտնել | [majr mtnel] |

pluie (f)	անձրև	[andzrév]
il pleut	անձրև է գալիս	[andzrév ē galís]
pluie (f) torrentielle	տեղատարափ անձրև	[teġatáráph andzrév]
nuée (f)	թուխպ	[thuχp]
flaque (f)	ջրակույտ	[dʒrakújt]
se faire mouiller	թրջվել	[thrdʒvel]

orage (m)	փոթորիկ	[phothorík]
éclair (m)	կայծակ	[kajtsák]
éclater (foudre)	փայլատակել	[phajlatakél]
tonnerre (m)	որոտ	[vorót]
le tonnerre gronde	ամպերը որոտում են	[ampérə vorotúm én]
grêle (f)	կարկուտ	[karkút]
il grêle	կարկուտ է գալիս	[karkút ē galís]

chaleur (f) (canicule)	տապ	[tap]
il fait très chaud	շոգ է	[šog ē]
il fait chaud	տաք է	[takh ē]
il fait froid	ցուրտ է	[tshúrt ē]

brouillard (m)	մառախուղ	[maraχúġ]
brumeux (adj)	մառախլապատ	[maraχlapát]
nuage (m)	ամպ	[amp]
nuageux (adj)	ամպամած	[ampamáts]
humidité (f)	խոնավություն	[χonavuthjún]

neige (f)	ձյուն	[dzjun]
il neige	ձյուն է գալիս	[dzjún ē galís]
gel (m)	սառնամանիք	[sarnamaníkh]
au-dessous de zéro	զրոհից ցածր	[zrojítsh tshátsr]
givre (m)	եղյամ	[eġjám]

intempéries (f pl)	վատ եղանակ	[vat eġanák]
catastrophe (f)	աղետ	[aġét]
inondation (f)	հեղեղում	[heġeġúm]
avalanche (f)	հուսին	[husín]
tremblement (m) de terre	երկրաշարժ	[erkrašárʒ]

| secousse (f) | ցնցում | [tshntshúm] |
| épicentre (m) | էպիկենտրոն | [ēpikentrón] |

| éruption (f) | ժայթքում | [ʒajthkhúm] |
| lave (f) | լավա | [láva] |

tornade (f)	տորնադո	[tornádo]
tourbillon (m)	մրրկասյուն	[mrrkasjún]
ouragan (m)	մրրիկ	[mrrik]
tsunami (m)	ցունամի	[tshunámi]
cyclone (m)	ցիկլոն	[tshiklón]

22. Les animaux. Partie 1

animal (m)	կենդանի	[kendaní]
prédateur (m)	գիշատիչ	[gišatíč]

tigre (m)	վագր	[vagr]
lion (m)	առյուծ	[arjúts]
loup (m)	գայլ	[gajl]
renard (m)	աղվես	[aǵvés]
jaguar (m)	հովազ	[hováz]

lynx (m)	լուսան	[lusán]
coyote (m)	կոյոտ	[kojót]
chacal (m)	շնագայլ	[šnagájl]
hyène (f)	բորենի	[borení]

écureuil (m)	սկյուռ	[skjur]
hérisson (m)	ոզնի	[vozní]
lapin (m)	ճագար	[čagár]
raton (m)	ջրարջ	[dʒrardʒ]

hamster (m)	գերմանամուկ	[germanamúk]
taupe (f)	խլուրդ	[xlurd]
souris (f)	մուկ	[muk]
rat (m)	առնետ	[arnét]
chauve-souris (f)	չղջիկ	[čǧdʒik]

castor (m)	կուղբ	[kuǵb]
cheval (m)	ձի	[dzi]
cerf (m)	եղջերու	[eǵdʒerú]
chameau (m)	ուղտ	[uǵt]
zèbre (m)	զեբր	[zebr]

baleine (f)	կետ	[ket]
phoque (m)	փոկ	[pʰok]
morse (m)	ծովափիղ	[tsovapʰíǵ]
dauphin (m)	դելֆին	[delfín]

ours (m)	արջ	[ardʒ]
singe (m)	կապիկ	[kapík]
éléphant (m)	փիղ	[pʰíǵ]
rhinocéros (m)	ռնգեղջյուր	[rngeǵdʒjúr]
girafe (f)	ընձուղտ	[əndzúǵt]

hippopotame (m)	գետաձի	[getadzí]
kangourou (m)	ագևազ	[agevázl]
chat (m) (femelle)	կատու	[katú]
chien (m)	շուն	[šun]

vache (f)	կով	[kov]
taureau (m)	ցուլ	[tsʰul]

| brebis (f) | ոչխար | [vočχár] |
| chèvre (f) | այծ | [ajʦ] |

âne (m)	ավանակ	[avanák]
cochon (m)	խոզ	[χoz]
poule (f)	հավ	[hav]
coq (m)	աքլոր	[akʰlór]

canard (m)	բադ	[bad]
oie (f)	սագ	[sag]
dinde (f)	հնդկահավ	[hndkaháv]
berger (m)	հովվաշուն	[hovvašún]

23. Les animaux. Partie 2

oiseau (m)	թռչուն	[tʰrčun]
pigeon (m)	աղավնի	[aġavní]
moineau (m)	ճնճղուկ	[čnčǧuk]
mésange (f)	երաշտահավ	[eraštaháv]
pie (f)	կաչաղակ	[kačaġák]

aigle (m)	արծիվ	[arʦív]
épervier (m)	շահեն	[šahén]
faucon (m)	բազե	[bazé]

cygne (m)	կարապ	[karáp]
grue (f)	կռունկ	[krunk]
cigogne (f)	արագիլ	[aragíl]
perroquet (m)	թութակ	[tʰutʰák]
paon (m)	սիրամարգ	[siramárg]
autruche (f)	ջայլամ	[ʤajlám]

héron (m)	ձկնկուլ	[ʣknkul]
rossignol (m)	սոխակ	[soχák]
hirondelle (f)	ծիծեռնակ	[ʦiʦsernák]
pivert (m)	փայտփորիկ	[pʰajtpʰorík]
coucou (m)	կկու	[kekú]
chouette (f)	բու	[bu]

pingouin (m)	պինգվին	[pingvín]
thon (m)	թյուննոս	[tʰjunnós]
truite (f)	իշխան	[išχán]
anguille (f)	օձաձուկ	[odzadzúk]

requin (m)	շնաձուկ	[šnadzúk]
crabe (m)	ծովախեցգետին	[ʦovaχeʦʰgetín]
méduse (f)	մեդուզա	[medúza]
pieuvre (f), poulpe (m)	ութոտնուկ	[utʰotnúk]
étoile (f) de mer	ծովաստղ	[ʦovástǧ]
oursin (m)	ծովոզնի	[ʦovozní]

| hippocampe (m) | ծովածի | [tsovadzí] |
| crevette (f) | մանր ծովախեցգետին | [mánr tsovaχets^hgetín] |

serpent (m)	օձ	[odz]
vipère (f)	իժ	[iʒ]
lézard (m)	մողես	[moģés]
iguane (m)	իգուանա	[iguána]
caméléon (m)	քամելեոն	[k^hameleón]
scorpion (m)	կարիճ	[karíč]

tortue (f)	կրիա	[kriá]
grenouille (f)	գորտ	[gort]
crocodile (m)	կոկորդիլոս	[kokordilós]
insecte (m)	միջատ	[midʒát]
papillon (m)	թիթեռ	[t^hit^hér]
fourmi (f)	մրջուն	[mrdʒun]
mouche (f)	ճանճ	[čanč]

moustique (m)	մոծակ	[motsák]
scarabée (m)	բզեզ	[bzez]
abeille (f)	մեղու	[meģú]
araignée (f)	սարդ	[sard]
coccinelle (f)	զատիկ	[zatík]

24. La flore. Les arbres

arbre (m)	ծառ	[tsar]
bouleau (m)	կեչի	[kečí]
chêne (m)	կաղնի	[kaģní]
tilleul (m)	լորի	[lorí]
tremble (m)	կաղամախի	[kaģamaχí]

érable (m)	թխկի	[t^hχki]
épicéa (m)	եղևնի	[eģevní]
pin (m)	սոճի	[sočí]
cèdre (m)	մայրի	[majrí]

peuplier (m)	բարդի	[bardí]
sorbier (m)	սնձենի	[sndzení]
hêtre (m)	հաճարենի	[hačarení]
orme (m)	ծփի	[tsp^hi]

frêne (m)	հացենի	[hats^hení]
marronnier (m)	շագանակենի	[šaganakení]
palmier (m)	արմավենի	[armavení]
buisson (m)	թուփ	[t^hup^h]

champignon (m)	սունկ	[sunk]
champignon (m) vénéneux	թունավոր սունկ	[t^hunavór sunk]
cèpe (m)	սպիտակ սունկ	[spiták súnk]

russule (f)	դառնամատիտեղ	[darnamatitéġ]
amanite (f) tue-mouches	ճանճասպան	[čančaspán]
oronge (f) verte	թունավոր սունկ	[tʰunavór sunk]

fleur (f)	ծաղիկ	[tsaġík]
bouquet (m)	ծաղկեփունջ	[tsaġkepʰúndʒ]
rose (f)	վարդ	[vard]
tulipe (f)	վարդակակաչ	[vardakakáč]
oeillet (m)	մեխակ	[meχák]

marguerite (f)	երիցուկ	[eritsʰúk]
cactus (m)	կակտուս	[káktus]
muguet (m)	հովտաշուշան	[hovtašušán]
perce-neige (f)	ձնծաղիկ	[dzntsaġík]
nénuphar (m)	շրաշուշան	[dʒrašušán]

serre (f) tropicale	ջերմոց	[dʒermótsʰ]
gazon (m)	գազոն	[gazón]
parterre (m) de fleurs	ծաղկաթումբ	[tsaġkatʰúmb]

plante (f)	բույս	[bujs]
herbe (f)	խոտ	[χot]
feuille (f)	տերև	[terév]
pétale (m)	թերթիկ	[tʰertʰík]
tige (f)	գողուն	[tsʰoġún]
pousse (f)	ծիլ	[tsil]

céréales (f pl) (plantes)	հացահատիկային բույսեր	[hatsʰahatikajín bujsér]
blé (m)	գորեն	[tsʰorén]
seigle (m)	տարեկան	[tarekán]
avoine (f)	վարսակ	[varsák]

millet (m)	կորեկ	[korék]
orge (f)	գարի	[garí]
maïs (m)	եգիպտացորեն	[egiptatsʰorén]
riz (m)	բրինձ	[brindz]

25. Les mots souvent utilisés

aide (f)	օգնություն	[ognutʰjún]
arrêt (m) (pause)	ընդմիջում	[əndmidʒúm]
balance (f)	հավասարակշռություն	[havasarakšrutʰjún]
base (f)	հիմք	[himkʰ]
catégorie (f)	տեսակ	[tesák]

choix (m)	ընտրություն	[əntrutʰjún]
coïncidence (f)	համընկնում	[hamənknúm]
comparaison (f)	համեմատություն	[hamematutʰjún]
début (m)	սկիզբ	[skizb]
degré (m) (~ de liberté)	աստիճան	[astičán]

développement (m)	զարգացում	[zargatsʰúm]
différence (f)	տարբերություն	[tarberutʰjún]
effet (m)	արդյունք	[ardjúnkʰ]
effort (m)	ջանք	[dʒankʰ]

élément (m)	տարր	[tarr]
exemple (m)	օրինակ	[orinák]
fait (m)	փաստ	[pʰast]
faute, erreur (f)	սխալմունք	[sχalmúnkʰ]
forme (f)	տեսք	[teskʰ]

idéal (m)	իդեալ	[ideál]
mode (m) (méthode)	միջոց	[midʒótsʰ]
moment (m)	պահ	[pah]
obstacle (m)	խոչընդոտ	[χočəndót]
part (f)	մաս	[mas]

pause (f)	դադար	[dadár]
position (f)	դիրք	[dirkʰ]
problème (m)	խնդիր	[χndir]
processus (m)	ընթացք	[əntʰátsʰkʰ]
progrès (m)	առաջադիմություն	[aradʒadimutʰjún]
propriété (f) (qualité)	հատկություն	[hatkutʰjún]
réaction (f)	ռեակցիա	[reáktsʰia]
risque (m)	ռիսկ	[risk]
secret (m)	գաղտնիք	[gaġtníkʰ]
série (f)	շարք	[šarkʰ]

situation (f)	իրադրություն	[iradrutʰjún]
solution (f)	լուծում	[lutsúm]
standard (adj)	ստանդարտային	[standartajín]
style (m)	ոճ	[voč]
système (m)	համակարգ	[hamakárg]

tableau (m) (grille)	աղյուսակ	[aġjusák]
tempo (m)	տեմպ	[temp]
terme (m)	տերմին	[termín]
tour (m) (attends ton ~)	հերթականություն	[hertʰakanutʰjún]
type (m) (~ de sport)	ձև	[dzev]

urgent (adj)	շտապ	[štap]
utilité (f)	օգուտ	[ogút]
vérité (f)	ճշմարտություն	[čšmartutʰjún]
version (f)	տարբերակ	[tarberák]
zone (f)	հատված	[hatváts]

26. Les adjectifs. Partie 1

aigre (fruits ~s)	թթու	[tʰtʰu]
amer (adj)	դառը	[dárə]

ancien (adj)	հնամյա	[hnamjá]
artificiel (adj)	արհեստական	[arhestakán]
aveugle (adj)	կույր	[kujr]
bas (voix ~se)	ցածր	[tshatsr]
beau (homme)	գեղեցիկ	[geģetshík]
bien affilé (adj)	սուր	[sur]
bon (savoureux)	համեղ	[haméģ]
bronzé (adj)	արևառ	[arevár]
central (adj)	կենտրոնական	[kentronakán]
clandestin (adj)	ընդհատակյա	[əndhatakjá]
compatible (adj)	համատեղելի	[hamateģelí]
content (adj)	գոհ	[goh]
continu (usage ~)	տևական	[tevakán]
court (de taille)	կարճ	[karč]
cru (non cuit)	հում	[hum]
dangereux (adj)	վտանգավոր	[vtangavór]
d'enfant (adj)	մանկական	[mankakán]
dense (brouillard ~)	թանձր	[tʰandzr]
dernier (final)	վերջին	[verdʒín]
difficile (décision)	բարդ	[bard]
d'occasion (adj)	օգտագործված	[ogtagortsváts]
douce (l'eau ~)	քաղցրահամ	[kʰaģtsʰrahám]
droit (pas courbe)	ուղիղ	[uģíģ]
droit (situé à droite)	աջ	[adʒ]
dur (pas mou)	կոշտ	[košt]
étroit (passage, etc.)	նեղ	[neģ]
excellent (adj)	հիանալի	[hianalí]
excessif (adj)	գեր	[ger]
extérieur (adj)	արտաքին	[artakʰín]
facile (adj)	հեշտ	[hešt]
fertile (le sol ~)	բերքառատ	[berkʰarát]
fort (homme ~)	ուժեղ	[uʒéģ]
fort (voix ~e)	բարձր	[bardzr]
fragile (vaisselle, etc.)	փխրուն	[pʰχrun]
gauche (adj)	ձախ	[dzaχ]
géant (adj)	հսկա	[hska]
grand (dimension)	մեծ	[mets]
gratuit (adj)	անվճար	[anvčár]
heureux (adj)	երջանիկ	[erdʒaník]
immobile (adj)	անշարժ	[anšárʒ]
important (adj)	կարևոր	[karevór]
intelligent (adj)	խելացի	[χelatsʰí]
intérieur (adj)	ներքին	[nerkʰín]
légal (adj)	օրինական	[orinakán]

léger (pas lourd)	թեթև	[tʰetʰév]
liquide (adj)	ջրալի	[dʒráli]
lisse (adj)	հարթ	[hartʰ]
long (~ chemin)	երկար	[erkár]

27. Les adjectifs. Partie 2

malade (adj)	հիվանդ	[hivánd]
mat (couleur)	փայլատ	[pʰajlát]
mauvais (adj)	վատ	[vat]
mort (adj)	մեռած	[meráts]
mou (souple)	փափուկ	[pʰapúk]

mûr (fruit ~)	հասած	[hasáts]
mystérieux (adj)	հանելուկային	[hanelukajín]
natal (ville, pays)	հայրենի	[hajrení]
négatif (adj)	բացասական	[batsʰasakán]
neuf (adj)	նոր	[nor]
normal (adj)	նորմալ	[normál]

obligatoire (adj)	պարտադիր	[partadír]
opposé (adj)	հակառակ	[hakarák]
ordinaire (adj)	հասարակ	[hasarák]
original (peu commun)	յուրօրինակ	[jurorinák]
ouvert (adj)	բաց	[batsʰ]

parfait (adj)	գերազանց	[gerazántsʰ]
pas clair (adj)	ոչ պարզ	[voč parz]
pas difficile (adj)	դյուրին	[djurín]
passé (le mois ~)	անցյալ	[antsʰjál]
pauvre (adj)	աղքատ	[aġkʰát]

personnel (adj)	անձնական	[andznakán]
petit (adj)	փոքր	[pʰokʰr]
peu profond (adj)	ծանծաղ	[tsantság]
plein (rempli)	լի	[li]
poli (adj)	հարգալից	[hargalítsʰ]
possible (adj)	հնարավոր	[hnaravór]

précis, exact (adj)	ճշգրիտ	[čšgrit]
principal (adj)	գլխավոր	[glxavór]
principal (idée ~e)	հիմնական	[himnakán]
probable (adj)	հավանական	[havanakán]
propre (chemise ~)	մաքուր	[makʰúr]
public (adj)	հասարակական	[hasarakakán]

rapide (adj)	արագ	[arág]
rare (adj)	հազվագյուտ	[hazvagjút]
risqué (adj)	ռիսկային	[riskajín]
sale (pas propre)	կեղտոտ	[keġtót]

similaire (adj)	նման	[nman]
solide (bâtiment, etc.)	ամուր	[amúr]
spacieux (adj)	ընդարձակ	[əndardzák]
spécial (adj)	հատուկ	[hatúk]
stupide (adj)	հիմար	[himár]
sucré (adj)	քաղցր	[kʰaǵtsʰr]
suivant (vol ~)	հաջորդ	[hadʒórd]

supplémentaire (adj)	լրացուցիչ	[lratsʰutsʰíč]
surgelé (produits ~s)	սառեցված	[saretsʰváts]
triste (regard ~)	տխուր	[tχur]
vide (bouteille, etc.)	դատարկ	[datárk]
vieux (bâtiment, etc.)	ծեր	[tser]

28. Les verbes les plus utilisés. Partie 1

accuser (vt)	մեղադրել	[meǵadrél]
acheter (vt)	գնել	[gnel]
aider (vt)	օգնել	[ognél]
aimer (qn)	սիրել	[sirél]
aller (à pied)	գնալ	[gnal]
allumer (vt)	միացնել	[miatsʰnél]

annoncer (vt)	հայտարարել	[hajtararél]
annuler (vt)	չեղարկել	[čeǵarkél]
appartenir à ...	պատկանել	[patkanél]
attendre (vt)	սպասել	[spasél]
attraper (vt)	բռնել	[brnel]
autoriser (vt)	թույլատրել	[tʰujlatrél]

avoir (vt)	ունենալ	[unenál]
avoir confiance	վստահել	[vstahél]
avoir peur	վախենալ	[vaχenál]
battre (frapper)	հարվածել	[harvatsél]

boire (vt)	ըմպել	[əmpél]
cacher (vt)	թաքցնել	[tʰakʰtsʰnél]
casser (briser)	կոտրել	[kotrél]
cesser (vt)	դադարեցնել	[dadaretsʰnél]
changer (vt)	փոխել	[pʰoχél]
chanter (vi)	դայլայլել	[dajlajlél]

chasser (animaux)	որս անել	[vors anél]
choisir (vt)	ընտրել	[əntrél]
commencer (vt)	սկսել	[sksel]
comparer (vt)	համեմատել	[hamematél]
comprendre (vt)	հասկանալ	[haskanál]
compter (dénombrer)	հաշվել	[hašvél]
compter sur ...	հույս դնել ... վրա	[hujs dnel ... vra]
confirmer (vt)	հաստատել	[hastatél]

connaître (qn)	ճանաչել	[čanačél]
construire (vt)	կառուցել	[karutshél]
copier (vt)	պատճենել	[patčenél]
courir (vi)	վազել	[vazél]

coûter (vt)	արժենալ	[arʒenál]
créer (vt)	ստեղծել	[steġtsél]
creuser (vt)	փորել	[phorél]
crier (vi)	բղավել	[bġavél]
croire (en Dieu)	հավատալ	[havatál]
danser (vi, vt)	պարել	[parél]

décider (vt)	որոշել	[vorošél]
déjeuner (vi)	ճաշել	[čašél]
demander (~ l'heure)	հարցնել	[hartshnél]
dépendre de ...	կախված լինել	[kaxváts linél]
déranger (vt)	անհանգստացնել	[anhangstatshnél]
dîner (vi)	ընթրել	[ənthrél]

dire (vt)	ասել	[asél]
discuter (vt)	քննարկել	[khnnarkél]
disparaître (vi)	անհայտանալ	[anhajtanál]
divorcer (vi)	ամուսնալուծվել	[amusnalutsvél]
donner (vt)	տալ	[tal]
douter (vt)	կասկածել	[kaskatsél]

29. Les verbes les plus utilisés. Partie 2

écrire (vt)	գրել	[grel]
entendre (bruit, etc.)	լսել	[lsel]
envoyer (vt)	ուղարկել	[uġarkél]
espérer (vi)	հուսալ	[husál]
essayer (de faire qch)	փորձել	[phordzél]

éteindre (vt)	անջատել	[andʒatél]
être absent	բացակայել	[batshakaél]
être d'accord	համաձայնվել	[hamadzajnvél]
être fatigué	հոգնել	[hognél]
être pressé	շտապել	[štapél]

étudier (vt)	ուսումնասիրել	[usumnasirél]
excuser (vt)	ներել	[nerél]
exiger (vt)	պահանջել	[pahandʒél]
exister (vi)	գոյություն ունենալ	[gojuthjún unenál]
expliquer (vt)	բացատրել	[batshatrél]

faire (vt)	անել	[anél]
faire le ménage	մաքրել	[makhrél]
faire tomber	վայր գցել	[vájr gtshel]
féliciter (vt)	շնորհավորել	[šnorhavorél]

fermer (vt)	փակել	[pʰakél]
finir (vt)	ավարտել	[avartél]
garder (conserver)	պահպանել	[pahpanél]
haïr (vt)	ատել	[atél]
insister (vi)	պնդել	[pndel]
insulter (vt)	վիրավորել	[viravorél]
interdire (vt)	արգելել	[argelél]

inviter (vt)	հրավիրել	[hravirél]
jouer (s'amuser)	խաղալ	[χaġál]
lire (vi, vt)	կարդալ	[kardál]
louer (prendre en location)	վարձել	[vardzél]
manger (vi, vt)	ուտել	[utél]

manquer (l'école)	բաց թողնել	[batsʰ tʰoġnél]
mépriser (vt)	արհամարհել	[arhamarhél]
montrer (vt)	ցույց տալ	[tsʰújtsʰ tal]
mourir (vi)	մահանալ	[mahanál]
nager (vi)	լողալ	[loġál]

naître (vi)	ծնվել	[tsnvel]
nier (vt)	ժխտել	[3χtel]
obéir (vt)	ենթարկվել	[entʰarkvél]
oublier (vt)	մոռանալ	[moranál]
ouvrir (vt)	բացել	[batsʰél]

30. Les verbes les plus utilisés. Partie 3

pardonner (vt)	ներել	[nerél]
parler (vi, vt)	խոսել	[χosél]
parler avec ...	խոսել ... հետ	[χosél ... het]
participer à ...	մասնակցել	[masnaktsʰél]
payer (régler)	վճարել	[včarél]
penser (vi, vt)	մտածել	[mtatsél]

perdre (les clefs, etc.)	կորցնել	[kortsʰnél]
plaire (être apprécié)	դուր գալ	[dur gal]
plaisanter (vi)	կատակել	[katakél]
pleurer (vi)	լացել	[latsʰél]
plonger (vi)	սուզվել	[suzvél]
pouvoir (v aux)	կարողանալ	[karoġanál]

pouvoir (v aux)	կարողանալ	[karoġanál]
prendre (vt)	վերցնել	[vertsʰnél]
prendre le petit déjeuner	նախաճաշել	[naχačašél]
préparer (le dîner)	պատրաստել	[patrastél]
prévoir (vt)	կանխատեսել	[kanχatesél]
prier (~ Dieu)	աղոթել	[aġotʰél]
promettre (vt)	խոստանալ	[χostanál]
proposer (vt)	առաջարկել	[aradʒarkél]

prouver (vt)	ապացուցել	[apatsʰutsʰél]
raconter (une histoire)	պատմել	[patmél]
recevoir (vt)	ստանալ	[stanál]

regarder (vt)	նայել	[naél]
remercier (vt)	շնորհակալություն հայտնել	[šnorhakalutʰjún hajtnél]
répéter (dire encore)	կրկնել	[krknel]
répondre (vi, vt)	պատասխանել	[patasχanél]
réserver (une chambre)	ամրագրել	[amragrél]
rompre (relations)	դադարեցնել	[dadaretsʰnél]

s'asseoir (vp)	նստել	[nstel]
sauver (la vie à qn)	փրկել	[pʰrkel]
savoir (qch)	իմանալ	[imanál]
se battre (vp)	կռվել	[krvel]
se dépêcher	շտապել	[štapél]
se plaindre (vp)	գանգատվել	[gangatvél]

se rencontrer (vp)	հանդիպել	[handipél]
se tromper (vp)	սխալվել	[sχalvél]
sécher (vt)	չորացնել	[čoratsʰnél]
s'excuser (vp)	ներողություն խնդրել	[neroġutʰjún χndrél]
signer (vt)	ստորագրել	[storagrél]

sourire (vi)	ժպտալ	[ʒptal]
supprimer (vt)	հեռացնել	[heratsʰnél]
tirer (vi)	կրակել	[krakél]
tomber (vi)	ընկնել	[ənknél]
tourner (~ à gauche)	թեքվել	[tʰekʰvél]
traduire (vt)	թարգմանել	[tʰargmanél]

travailler (vi)	աշխատել	[ašχatél]
tromper (vt)	խաբել	[χabél]
trouver (vt)	գտնել	[gtnel]
tuer (vt)	սպանել	[spanél]
vendre (vt)	վաճառել	[vačarél]

venir (vi)	ժամանել	[ʒamanél]
vérifier (vt)	ստուգել	[stugél]
voir (vt)	տեսնել	[tesnél]
voler (avion, oiseau)	թռչել	[tʰrčel]
voler (qch à qn)	գողանալ	[goġanál]
vouloir (vt)	ուզենալ	[uzenál]

www.ingramcontent.com/pod-product-compliance
Lightning Source LLC
Chambersburg PA
CBHW060027050426
42448CB00012B/2891

9 781784 925468